U0123593

# 手掌学习法

场圈·爱会学研究中心　著

学习事小，人生事大

人民邮电出版社

北京

**前言**

## ● 和你的好队友一起去"升级打怪"！

亲爱的同学，很高兴你打开了这本书，给了我一个和你说说话的机会。

今天我想对你说的话，藏在 3 个问题里。

第 1 个问题是，你认为学习是什么？

有人说："学习是任务。我们是学生，最主要的任务就是学习，有时候我不想学习，但是没办法，必须学。"

有人说："学习是个麻烦，老师和家长都让我好好学习，考个好分数。当我学得顺利时，我挺喜欢学习的，很有成就感；但当我学不好时，我就很着急，很生气。我常常觉得，好好学习这件事很难、很麻烦。"

也有人说："学习是我最讨厌的事，因为学习不好，我挨了很多骂，被批评、被嘲笑，我感觉自己根本不是学习的料，一提到学习就心烦，甚至想彻底摆脱学习这件事……"

你的答案是什么？现在闭上眼睛想一想，提到学习，你脑海中出现的是什么画面？你的感受是什么？静静地体会这些画面和感受 1 分钟……好，请继续往下读。

第 2 个问题是，当你玩游戏的时候，你更希望有一个强有信自己可以进步吗？你相信自己可以成为学习小能手吗？

对于这个问题，我知道在你的心里一定有一个声音："我希望自己能学得更好""我希望自己能成为一个会学习的人"。这个声音可能很响亮，也可能很微弱，但一定存在于你的心里。因为，你打开了这本书，并且一直读到了这里，这就说明你心里有一团希望的火苗，你希望通过这本书，通过自己的努力，成为一个爱学习、会学习的人。你可能有过怀疑，想过放弃，但是，在心底最深处，你还是希望自己可以学得更好。

我相信，你一定可以！这不是一句安慰的话，这是有科学依据的。请你记住这句话："我们每个人都是天生的学习者。"你的大脑是学习的器官，每一天你都在使用它学习新内容。从出生到现在，你已经学会了无数本领、无数技能，你现在会认字、会走路、会说汉语、会使用手机，这一切都是你通过学习掌握的，并且你学得很出色。你能学会这些，就代表你同样能学会课本上的知识。记住了吗？你是天生的学习者，你生来就会学习。你需要的仅仅是运用更有效的学习方法来帮助自己学得更快、学得更好。

那么，学习的方法在哪里？就在这本书里。

学习可能让你快乐过、痛苦过、挫败过、反感过，但请不要被眼前的困难困住，因为除了眼前的这些困难，比如一次考试失利、一些题目不会解，你还有更重要的事情，那就是"成为你自己"，实现自己的梦想，过上理想的生活。无论你的梦想是周游世界、留下举世闻名的作品，还是帮助他人、获得成功，要实现你的梦想，就需要学习这个"好队友"。我们活着不是为了学习，学习仅仅是个工具，但它可以帮助我们成为更好的自己。

如果你现在学习还不够好，这没关系，我希望你能善待自己、接纳自己：难过时给自己鼓励和支持；取得小的进步时夸夸自己；有难处时向父母、老师、伙伴求助，或者看看这本书，我们时刻准备着给你支持。我们都坚信，你是天生的学习者，你可以成为爱学习、会学习的人，你能够拥有学习这个与你共同作战的"好队友"。

你未来的人生一定很精彩，还有很多有趣的人和好玩的事在前方等你。快和学习这个"好队友"一起出发，一起"升级打怪"，去体验你的多彩人生吧！

## ● 本书使用指南

本书所讲的学习方法涉及学习的 5 个关键环节。你可以把这 5 个关键环节想象成自己的"1 只手"："5 根手指"分别对应"预习、听课、作业、复习、考试"；"手掌"对应着"时间管理"。"手掌"将这 5 个关键环节衔接起来，并且将其安排进你的日常学习生活。

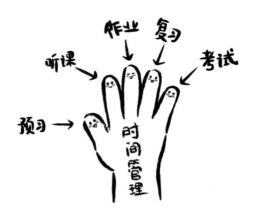

　　这听起来似乎很简单，每一个关键环节你应该也都不陌生。但是这一次，我想让你把这 5 个关键环节当作一个整体来看待。什么意思呢？就是说这 5 个关键环节不是孤立的，而是相互帮助、相互联系、缺一不可的。你看，预习是为了带着问题更加高效地听课；在课堂上有效吸收了老师教授的知识之后，你仍然需要通过写作业和复习来巩固、修正与加深理解；考试是学习中重要的反馈环节，它能够帮助你对一个阶段的学习情况做一个整体的复盘。

　　如果你想知道哪一个关键环节最重要，那我想告诉你的是，要让每一个关键环节都发挥它真正的作用，换句话说，在学习中完成这 5 个关键环节是最重要的。

　　学习并不是在单一地进行。你可能听过这样的说法，"我学习好都是因为上课听讲特别认真"或者"某某同学考第一是因为特别会做考前复习"，这些说法让你误以为在学习过程中在"某一个环节"狠狠发力就可以获得好的结果，其他环节都不重要。而真正会学习的人，一定认真完成了"预习、听课、作业、复习、考试"这5个关键环节，而且一定掌握了时间管理的方法，这样才能把这5个关键环节都安排好。

学习没有捷径可走。有一句话是这样说的："你要一直很努力，才能看起来毫不费力。"所有会学习、看起来轻轻松松就能取得好成绩的人，其实背后都付出了很多努力，掌握了很多好方法，只不过这些没有被我们看到。但值得庆幸的是，恰恰是这些看似最简单、每个人都可以掌握的方法，才是最有效、最能帮助我们学好的"秘诀"，而在这本书里，这些好方法我都会告诉你。

为了让你真的相信这"1只手"的功效，接下来我会用很短的篇幅给你讲一点脑科学的知识。相信我，它是有趣的。

大脑是学习的器官，学习是在大脑中发生的，所以我们来看一看大脑里有什么。我们的大脑大约有140亿个脑细胞。那么在学习的时候，大脑中会发生什么？学习的时候脑细胞会变少吗？

不会。它们不会变少，也不会变多。学习时，它们会开始"交流"，用更专业的说法，就是脑细胞与脑细胞之间会建立"神经连接"。这很像两个人初次见面，我伸出手，你也伸出手，握一握，两个人就初次建立了连接。可是这时候，两个人是互不熟悉的，连接也很微弱。但随着时间的流逝，如果两个人每天都会碰面，每天都会一起玩耍，那么两个人的关系就会变得紧密，连接也会更加牢固。

　　学习同样如此。如果你想要有效、有结果地学习，那么就要在大脑内建立牢固、可靠的神经连接。所以单次的学习是不够的，你需要和知识多次碰面，今天见、明天见、天天见。当你理解了这件事，你就会合理地调整预期，明白"只学一次就能牢牢把知识记住"这样的神话根本不存在。你不需要去跟任何人比较，你只需要在自己的学习节奏中完成这些环节，和知识建立起牢固、可靠的"神经连接"，就能学好、学扎实。

　　所以，学习需要过程，也需要流程。主动抓住关键环节，你会发现学习的过程变轻松了，你会对自己的学习有更强的掌控感，不再手足无措，不再产生无意义的焦虑感。更重要的是，这本书中介绍的好方法，你坚持去用，重复用一个星期、一个月、一个学期，它们就会成为你的日常习惯。这样，这些好方法和好习惯不仅有利于你当下的学习，还能帮助你处理以后的更多问题。本书对这些好方法分6章进行介绍。

第1章：预习

预习的核心是"有备而来"，你要带着问题、好奇心去听课，从而更有效地将注意力放到课堂的关键内容上，开启大脑的"目标搜索"模式。这里我要特别说明，预习不是自学，也不是在听课之前提前学完课上的全部内容。如果将预习理解为自学，那听课很可能会变得无趣，长久下去，这会把你的学习节奏打乱。完成一次有效的预习不需要很长时间，可能只要5分钟、10分钟，但它却可以大大提升你听课的效率。

第2章：听课

听课常被视作学习中最核心的一步。在有限的时间内，老师会将提前设计好的内容教授给你。如何确保自己像海绵一样，充分地吸收这些有价值的内容？如何有效利用笔记辅助听课？如何做到专注？上课时走神了该怎么办？这一章会为你解答这些问题。

第3章：作业

写作业常被认为是学习中"不得不"完成的任务，只因为作业第二天要上交、要被老师批改。但事实上，写作业是你初次学习之后进行的首轮知识巩固，如果没有写作业，或者随便完成作业，那么你在课堂上学到的知识会忘得特别快。所以，写作业是听课与复习之间承上启下的关键环节，完成好作业会让你的学习事半功倍。

## 第 4 章：复习

复习或许是老师们老生常谈的话题了。遗忘不可避免，所以即便你听课时投入了 100% 的专注力，在课堂上吸收了全部的内容，如果你不重复学习，这些内容也一定会离你远去。永远记住，学习不可能一次性完成，学习需要重复，这就体现了复习的重要性。复习不是为了考试，所以复习不应该只发生在考前。复习是为了帮助我们真正学扎实、学会，让我们举一反三、灵活应用。

## 第 5 章：考试

考试大概率是学习的 5 个关键环节中最具威慑力的一环了。很少有人喜欢考试，但考试就像一面镜子，它真正的作用是反馈。考试能让我们看到自己在一个阶段内的学习情况，从而查缺补漏，也做好下一阶段学习的优化分析。当学习的前 4 个环节都有效完成时，相信你即便依然不喜欢考试，也可以平静从容地看待它了。记住，这一环节是来帮你的。因为学习的路很长，在这条路上，我们需要"镜子"，需要真实的反馈。

## 第 6 章：时间管理

前面提到的 5 个环节是学习中的关键环节，而要想把它们安排进日常计划中，就需要合理地管理时间。你可能会遇到这种情况：完成今天的学习任务需要 4 小时，可是现在只剩 2 小时就该上床睡觉了。怎么办？这时就需要做好时间管理，对学习任务进行合理安排。这样，你会发现你的时间反而变"多"了，你有时间休息，有时间娱乐，学习变得轻松，一切也井井有条。在第 6 章，你会获得一张学习小能手的"每日计划表"，实际看到学习小能手如何安排自己的任务，以及在出现意外状况时如何进行调整。

在你正式开始阅读之前，我还有 2 件重要的事要叮嘱你。

第 1 件事，书中讲的方法请你务必要用起来。你不需要在看完整本书之后，从头到尾一个不落地使用，而要从简单的、可以局部操作的地方入手，立马将其落实到自己当下的学习中。从局部入手，让小的改变立刻发生。比如，你看完预习这一章，当晚就可以选择一个科目开始预习，而不用等到把所有内容都看完才开始。"用起来"是最重要的！只有开始用书里的方法，你才能看到自己的进步，我们不需要一次性做到 100 分，每付出 1 分的努力，就有 1 分的收获即可。

第 2 件事，当你开始使用书中的方法时，要记得像帮朋友一样地帮自己，主动搜集和寻找自己在学习中有进步、产生效果的地方，然后给自己大大的肯定。千万不要小瞧这个过程。学习需要正反馈。看到自己进步了，这会给我们很大的鼓舞，让我们更有干劲地继续努力。人人都需要被夸奖、被认可、被肯定。自己鼓励自己，这是很重要的。当你有意识地给自己肯定时，你的力量会持续积累，你会对自己的学习更有信心，更有由内而外产生的信心。

好了，现在就开启你的学习之旅吧，祝你旅途愉快！

**目录**

# 第 2 章　听课篇　学习小能手的关键步

## 第 3 章　作业篇　高效写作业的秘诀

## 第 4 章　复习篇　构建知识网络

## 第 5 章　考试篇　考试是学习的指路标

## 第 6 章　时间管理篇　做自己时间的主人

# 第 1 章

## 预习篇

### 学习预则立，不预则废

# 01

## 预习是学习中必不可少的一环

### ❯ 上课听不懂？很可能是因为没预习

老师会要求同学们预习，有的同学会预习，有的同学不会，有的同学预习了几天感觉没什么效果就不坚持了，也有很多同学不理解预习的意义。

实际上，预习不是学习额外的部分，它本身就是学习中不可缺少的关键环节。预习好了，不仅能够提高听课的效率，学得更轻松，而且能学得更深入。

你遇到过这些问题吗？

·课堂上跟不上老师的节奏，感觉老师讲了一大堆内容，但是听不懂，也不知道该怎么做笔记。

·上课过程中容易分心，只要中间有一个地方没跟上，剩下大半节课就都听不懂了。

·老师的提问不会答，感觉很多内容都没听懂，但是也不知道该怎么问。

·上课听不懂，下课后作业不会做，就算花很多时间去补没听懂的内容，效果也不明显。

不少人可能会奇怪，这些看起来都是上课听讲的问题，跟预习有什么关系呢？

事实是，二者关系紧密！这些问题很大程度上是没有做好预习造成的。而做好预习，就能大大提高听课效率、提升听课效果。

## ➤ 高效预习：带着问题听课

预习能让你带着问题听课，自动聚焦于问题相关内容，更加专注。

很多同学都有过在上课的时候走神的经历。这是很正常的，因为人的注意力集中时长是有限的，注意力要长时间集中在一件事情上并不那么容易。但是在上课的时候，如果没有一直专注于老师讲的内容，知识根本就没有进入大脑，那么之后还怎么学呢？

而带着问题听课就是一个可以让大脑更加专注的好办法。

下面做个小游戏，请你用 10 秒的时间观察下面这幅图。

然后把图遮起来，看看下面的问题你能立刻答出几个：

（1）图中有几只手？

（2）钟表显示的是什么时间？

（3）图中出现了几本书？

如果换一种方式，你已经知道了要回答这3个问题，现在，带着这些问题再去观察图片，这次你能答对几个问题？你是不是觉得问题回答起来轻松多了？

其实，这个小游戏就是在模仿听课的过程。如果上课的时候没有带着问题去听，那大脑就不知道自己要听什么、看什么，茫然而没有方向。

如果带着问题去听课会怎么样呢？大脑会有很清晰的目标，它会自动聚焦在课堂内容上。这些问题会引导大脑专注于听讲、寻找答案。这样听课，你不仅能够更加专注，收获也会更多。即使没有得到答案，你也可以举手提问或者下课后再问老师，从而将这些问题解决。带着问题听课，肯定比盲目地学效果好得多。

## ❯ 预习分大小：不同情况用不同方法

有的同学可能会问：我也知道预习能提升听课效果，但是没有时间预习怎么办？平时要听课、写作业，还要复习，要做的事情已经很多了，根本没有时间预习。

这其实是大家对预习的一个误解。事实上，预习本身不用花费太多的时间；而且，预习是一个"投入 1 收获 10"、回报率非常高的学习策略。做好预习对之后的学习会有很大的帮助。

因为，学习是环环相扣的，前面的环节会影响后面的环节，随着学习流程的推进，这种影响也会逐渐变得明显。

如果你没有预习，那么听课的时候就容易走神、听不懂，错过关键内容；等到做作业时可能还不会做；复习的时候不仅要花更多的时间，而且很可能不会有很好的效果。这样一天天累积下去，漏洞越来越多，你的压力也越来越大。

相反，你提前做好预习，不仅课上听得更明白，课后的作业和复习也可以更有效地完成。这样下去，不仅你的学习效果会提升，学习这个过程对你来说也更加轻松了。而一开始的预习其实不需要花费很多的时间和精力。

我们已经明确了在学习过程中一定要预习，那具体该怎么做呢？

预习是有大小之分的，大小两种预习涉及的时间、频率和目的都不太一样，把二者结合起来用好，能让学习更轻松。

一种预习叫每日小预习。这是在平时上课前每天都要做的，也就是提前一两天预习下一堂课要学的内容。这种预习每天都要做，频率高，但是每天花的时间不会很长，大概每个科目十几分钟就够了。每日小预习的目的是为之后的听课做好"热身"，让自己知道接下来在课堂上会学到哪些新知识，做到"心中有数"。这本书的后面会根据文理科的差异分别介绍每日小预习怎么做，并介绍应该怎么安排每日小预习。

　　另一种预习叫章节大预习。这种预习一般用在学习新章节、新单元之前，是对整个章节或单元内容的预习。其目的是在学习新章节或新单元之前，先熟悉一下后一章节或单元大概要学什么知识，梳理出一个大致的框架，方便形成知识体系，同时预留出时间补充遗忘的旧知识。章节大预习花的时间稍微多一些，但是不需要像小预习一样每天都做。章节大预习怎么做，后面也将具体介绍。

# 02

## 预习文科的"3+2"步

预习具体要怎么做呢？下面是具体的预习方法。

有的人认为预习就是翻翻书，比如老师明天讲第 5 课，他就把第 5 课快速浏览一遍，然后就结束了。当然，如果时间不够，做这样非常简单的预习也总比不做强，但是要想达到更好的预习效果，其实是有科学方法的，即"3+2"步预习法。

"3"指的是"看、画、查"，这 3 步是预习的基础步；"2"指的是"辅"和"解"，这 2 步是预习的提升步。

后面的内容将从文科和理科两个角度分别来介绍。因为文理科的学习方式和重点不太一样，文科往往更重视积累，理科往往要求多练题目，所以虽然都是用"3+2"步预习法，但文理科学习的每一步的具体操作和重点内容会略有不同。

以语文为例。先看前 3 个基础步：看、画、查。

### ▶ "3+2"步的第 1 步：看

看，就是看课本。

看，不是草草了事地扫一眼，而是要有重点地看，而且不是只看课文本身。

文科预习的"看"有5个重点：标题、提示、课文、注释、字词。其中，提示和注释是比较容易被忽略的。

**看标题：**通过标题可以快速了解课文的中心内容，从而对要学的课文形成初步的预判和思考。

**看提示：**这是很容易被忽略的部分。很多课文最开始会有"预习提示""课文提示""提问""背景介绍"等模块，如果能把它们好好利用起来，你可以快速了解写作背景，初步判断课文的中心内容、重点信息等，进而明确课文的学习要求。

**看课文：**或者说读课文，一定要讲求实效，切忌走过场。如果只是敷衍地随便看看，那预习的效果自然不会好。看课文的时候要全身心投入，尽量用恰当的语调去朗读；碰到篇幅较长的课文，可以默读。无论朗读还是默读，都要边读边思，以思促读，读中有思。在读的过程中要把阅读与生活经验联系起来，带着从提示中了解的背景和要求去读，以加深对课文的感知和理解。

**看注释：**在看课文的过程中，不要忽略注释，尤其是文言文、古诗等的注释。注释既可以帮助理解课文，本身往往也是学习的重点。

**看字词：**这里的字词包含不认识的、本课需要学习的新字词，也包含学习过、但感觉有些陌生的字词，它们都是值得重点关注的部分。

下面以统编版《语文（七年级下册）》的《阿长与〈山海经〉》这篇课文为例。

首先是标题。"阿长与《山海经》"，包含这篇课文的两个关键点——阿长这个人物，以及《山海经》这本书。两者有什么关系呢？可以通过之后看文章去探究。

接着是提示。这一课最开始有一个模块叫"预习"，这就是预习提示。

这篇课文中的阿长就是之前学过的《从百草园到三味书屋》中提到的人物。预习提示里还有好几个问题，都在告诉我们这篇课文的中心和重点；借助课文注释，读完全文，做好交流阅读感受的准备是学习这篇课文的要求，那么在看课文的时候就可以带着这些问题和要求去看。

· "阿长"就是"长妈妈",我们已经从《从百草园到三味书屋》中知道她了。阿长怎么有这么大魅力,在鲁迅笔下被反复提及,甚至还成为文章专门描写的对象?借助课文注释,读完全文,做好交流阅读感受的准备。

· 《山海经》是一本什么书?鲁迅小时候喜欢看的书,与你小时候相比,是否有很大不同?

接着开始看课文,这篇课文比较长,可以选择默读。重点是要在默读的过程中思考,比如思考预习提示中的问题和要求。

看课文的过程中也要看注释,预习提示中也提到了这一点,可见注释的重要性。比如看到"切切察察"这个词,你本来不知道是什么意思,看了注释后知道是"细碎的说话声",一下子就理解了。

最后,看看课本上这一课的重点字词,尤其是那些新的、没学过的,还可以进一步看看它们在文章中的位置和意思。

这样,对这一课的预习的第1步——看,就完成了。对待英语课文也可运用这一方式。

当然,文科不只有语文和英语,如果是预习历史,大家在看的时候还要重点关注时间、地点、人物、事件以及事件的影响;如果是预习地理和政治,还要关注重点概念。

## ➤ "3+2" 步的第 2 步：画

画，就是在看的过程中，画出不清楚、不确定、有问题的部分。建议在课本上用不同颜色的笔做标注或者将重点记在笔记本上。前面提到，预习能让我们带着问题去听课，所以在看的过程中画出的部分就是我们在听课时要重点关注的。

那要怎么画呢？依旧以《阿长与〈山海经〉》为例，在看的过程中有人会注意到，作者在第 3 自然段就写了"我实在不大佩服她。最讨厌的是常喜欢切切察察……"；在第 12 自然段，也写了"……至今想起来还觉得非常麻烦的事情"。

看起来作者不太喜欢这个"阿长"，那为什么还要专门给她写一篇文章呢？一开始的预习提示中也问了："阿长怎么有这么大魅力，……成为文章专门描写的对象？"如果不太明白，那就把这几个句子画上线，在课文旁边标注一下问题，也可以将问题写在笔记本上，上课的时候就可以重点听老师对这方面的讲解或者直接提问。

## ➤ "3+2" 步的第 3 步：查

查，指的是查缺补漏，是查在看和画的时候发现的一些有关联但记忆模糊的旧知识，或者其他感兴趣的、有疑问的部分。

有时候，一些旧的知识没搞清楚，会导致新的知识理解不了，那么就要对旧的章节进行复习补充。这种针对性的复习能够为学习新课文打下坚实的基础。

比如《阿长与〈山海经〉》的预习提示中就说到，阿长在《从百草园到三味书屋》这篇课文里出现过。如果已经记不清楚了，你可以去查看这篇课文，回顾作者在这篇课文中是怎么描写阿长的，这样老师在上课过程中提到这部分内容的时候，你就清楚老师说的是哪些内容了，这也有利于理解正在学的课文。

除了回顾学过的旧知识，对于一些感兴趣的或者有疑问的新内容，你也可以去查看一下。比如，这篇课文中提到了《山海经》，如果你没有看过，但是很感兴趣，便可以查看一下《山海经》这本书，找找课文中提到的那些关于怪物的描写和图画，这样在帮助理解课文的同时，也能扩展知识，把学到的内容联系起来。

文科学习需要大量的积累，但是积累不是枯燥的背诵，不然学到的内容都是零散的点，很难融会贯通。从一个点出发联系到另一个点，并把它们串起来，多去扩展、联系，这样文科学习会变得更有趣，而且这也是学习文科时应具备的一种能力。

## ❯ "3+2"步的后"2"步：辅和解

辅，指的是利用好的辅导书。好的辅导书一般都会对课本知识进行进一步的解释和补充。所以在看过课本、画出问题并查缺补漏后，再结合辅导书的补充和解释，对于一些问题可能就有了答案，从而引起进一步的思考。比如当你不太理解作者为什么反复描写阿长，又为什么在文章中用了一些负面的词时，辅导书刚好对这个问题进行了解释，那你就可以把这些解释的关键词记在笔记本上，上课时也能和老师的讲解进行对比。

另外，好的辅导书会把新旧知识点的内在联系标注出来，你可以借此对知识点进行概括、提炼和归纳，确定其中的重点和难点，梳理出自己的框架，以便在上课时更加轻松地跟上老师的节奏，着重关注老师讲的重点、难点。

特别要注意的有两点。第一，要选择好的辅导书，避免被劣质书籍里的错误内容所误导。大家可以主动去问老师某本辅导书的质量如何或者直接让老师进行推荐。如果你在辅导书中看到的内容与课本或者老师所讲的不一致，一定要向老师确认。第二，如果预习时间比较紧张，还是应该以课本为主。辅导书只是工具，学习还是要以课本为主。

解，就是解例题、思考题。

课本上每篇课文后面通常会有一些例题或者思考题。在预习的时候，可以看看这些题目，先试着解答一下，看看自己根据当前对这篇课文的理解能不能解答这些题目，解答过程中可以根据题目回到原文去寻找答案。同时，这些题目也起到了引导思考的作用，并且提示了课文的一些重点、要点、特点等，能够锻炼你的阅读理解能力。

文科预习"3+2"步中的辅和解属于提升步，可以帮助你在做好前3步的基础上加深理解和思考，为听课做好准备。

## 03 预习理科的"3+2"步

理科的每日预习也分为"3+2"步，只是每一步的重点和文科略有不同。

### ❯ "3+2"步的第 1 步：看

理科预习的第 1 步也是"看"，也要把课本相关内容读一遍，但这里的"看"和文科的"看"有些不一样。

首先，关注的重点不一样。

在看文科类课本时，我们关注的重点是标题、提示、课文、注释、字词，而看理科类课本时要重点关注概念、公式、定理、符号、例图、例题等。这些都是理科（比如数学、物理、化学等）类课本的重点内容，这些基本概念和知识构成了课程的核心内容，只有理解了这些，才能充分领会课程到底讲了什么。

比如，在下图所示的部编版《数学（八年级下册）》"正方形"这一小节，开头的"正方形"字样后面便是它的概念，而概念就是理科学习的重点；其下方的示意图是用来解释正方形与矩形及菱形的区别与联系的，所以看到这里就要慢下来仔细看，如果看了一遍发现没读懂，可以再看一遍并将图文配合理解。

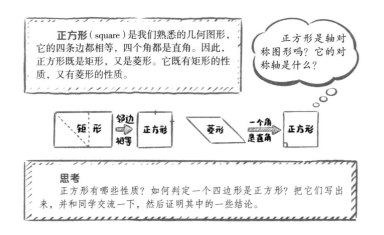

而示意图下方的思考框中的内容是需要思考并回答的问题。因为这些不是正文内容，即使不思考也不影响你对后续内容的理解，所以在第1步无须对其进行过多关注，可待浏览完整小节内容后再思考。

再如，部编版《物理（八年级上册）》"声速"这一小节，我们很容易看到"15℃"和"340 m/s"这两个数据，其前面的"声音传播的快慢用声速描述"这句话实际上就是在介绍声速的概念，这便是要重点关注的内容。而后面的小资料中列出了"一些介质中的声速"，预习到这里，你应该就可以归纳总结出"不同介质中的声速是不同的"。当然，对于类似的补充资料只需要快速浏览即可，在预习时不用花费太多时间。

> **声速**
>
> 　　远处一道闪电划过漆黑的夜空，过一会儿才会听到隆隆的雷声。这个现象表明，远处的声音传到我们的耳朵里需要一段时间。声音传播的快慢用声速描述，它的大小等于声音在每秒内传播的距离。声速的大小跟介质的种类有关，还跟介质的温度有关。15℃时空气中的声速是340m/s。

● **小资料**

一些介质中的声速

| 介质 | 声速 / ( m · s$^{-1}$ ) | 介质 | 声速 / ( m · s$^{-1}$ ) |
|---|---|---|---|
| 空气（0℃） | 331 | 海水（25℃） | 1 531 |
| 空气（15℃） | 340 | 冰 | 3 230 |
| 空气（25℃） | 346 | 铜（棒） | 3 750 |
| 软木 | 500 | 大理石 | 3 810 |
| 煤油（25℃） | 1 324 | 铝（棒） | 5 000 |
| 水（常温） | 1 500 | 铁（棒） | 5 200 |

　　其次，要放慢阅读的速度，重要的是理解。

　　在预习文科类课本时，虽然其中有大量的文字描述，但大多理解起来并不难，可以快速阅读。而理科类课本不一样，它们通常字少、图多、符号多，特别是在对某个概念进行解释时，虽然字少，但很重要。如果太注重速度，看完之后你很可能会发现，其中的每个字你都认识，但是它们连在一起你却不知道说的是什么。所以在看理科类课本时，一定要把速度放慢，一字一句地去读，边读边思考，重要的是理解其到底在说什么。

### ➤ "3+2" 步的第 2 步：画

第 2 步是画，画重点、难点和疑点，并且可以和第 1 步同时进行，边看边画。一般来说，概念、定理、公式、符号和数字前后的内容是重点，需要做标记。如果你对某一部分内容不理解，或是思考了好几遍才理解，那么这部分的内容就是难点，同样值得做标记。

比如在正方形的定义中，课本这样描述："因此，正方形既是矩形，又是菱形。它既有矩形的性质，又有菱形的性质。"在读第一遍的时候，你可能会疑惑它到底是个什么形状。这种和定义相关又较难理解的句子就需要画出来。

## ➤ "3+2"步的第3步：查

第3步是查，主要是查那些已经忘记的或者不熟悉的旧知识。

还是前面的例子，"正方形既是矩形，又是菱形。它既有矩形的性质，又有菱形的性质"，如果你突然忘了矩形和菱形的定义，就要毫不犹豫地去课本中寻找答案。

预习理科时，如果发现不确定的、模糊的旧知识，一定要多查。绝大多数理科的新知识都建立在旧知识的基础上，如果关于旧知识的基础没有打好，就很难理解新知识，这就像拉拉链，拉链要是在下面卡住了，是无法往上拉的。另外，这种针对性的预习会为新内容的学习打好基础，日积月累，会让你形成更加完善的知识体系，进而提高学习效率。

当做完看、画、查这3步时，基本的预习就完成了。这时通过浏览，你会大概知道有哪些概念、定理、公式等；通过查找，你复习了一些记忆模糊的旧知识，也知道了有哪些问题还没有解决，预习到这种程度有助于你第二天好好听课。

## ➤ "3+2"步的后"2"步：辅和解

如果想要更好地理解新内容，那么还有 2 个提升步，一是看辅导书，二是做课后练习题。

通常，理科辅导书已经对新知识进行了整理总结，并且对各个知识点的内在联系进行了标注，所以你可以在辅导书的帮助下对知识点进行概括、提炼和归纳，确定新章节的重难点，这样就知道上课时应该重点听哪里。另外，辅导书里可能有课本上没有提到的知识点或者对有的知识点有不同于课本的解释，你可以将其作为参考。

和文科一样，关于理科的辅导书也需要向任课老师咨询。

仍然需要注意的是，预习要以课本为主。即使辅导书比课本讲得全，课本也始终是学习的核心内容，因为其质量有保障，而部分劣质辅导书可能会包含过多的拓展知识，甚至有错误或遗漏。预习本来是件很简单的事情，抓住重点即可，不必浏览过多内容，以免增加自己的负担。

最后，如果还有余力，你可以进行预习的最后一步——"解"，尝试做一做课后练习题。因为有时你完成了前 4 步后，可能会感觉自己已经完全掌握了新的知识点，但是真正动手解题时，才发现实际操作要比想象中难，这时又会发现新的问题。要知道，这是一个很好的学习过程，可以让你带着问题去享受课堂。

## 04 每日小预习的策略

> **预习时间：每科 15~20 分钟**

读完前面的内容后，你可能会有这样的疑问："这些预习方法特别好，但是好像都有很多步骤，这会不会花很长时间？现在科目这么多、作业这么多，我真的有时间去完成这样的预习吗？"

其实，小预习不需要花费很长时间，通常每科花 15~20 分钟就足够了。

如果新课内容少，或者你完全掌握了预习方法并形成了习惯，每科每次预习可能只需要花 10 分钟。

对于高年级的同学而言，科目增加了，学习的内容和难度也都增加了，有时候第二天要同时学五六科新课，前一天晚上真的很难一下子预习这么多内容，那么有些科目的预习就可以提前 1~2 天进行，不要都集中在前一天晚上进行。

另外，如果某一科目的某一课内容对自己来说太多或太难，比如物理的电学很难，需要花很多时间去理解，无法在一个晚上预习完，那么你可以提前 2 天开始，分 2 次进行预习。

不过，第二天同时开始学五六科新课的情况也不多见，这种情况一般仅出现在新学期开始的时候。这时候，章节大预习的作用就凸显出来了，有了大预习的帮助，小预习做起来也会更轻松。

需要强调的是，小预习要每天都做，要把它变成习惯，就像起床后洗脸一样，将其列入自己的每日计划，而不是今天想到了就做，明天想不到就不做了。小预习是学习新知识、新课程的起始，要把它作为学习的第一步，为学习开一个好头。

另外，小预习可以作为每天的最后一项学习任务，在每天写完作业后再开始。每天的紧急任务完成后，心情会比较放松，此时刚好可以预习一下新知识。如果是在未完成作业的情况下预习，你心里总是不踏实，甚至可能会有"快点完事"的心态，而不会认真地去预习，这样小预习也就变得浮于表面、流于形式了。

## ➤ 注意这 2 点，预习效果倍增

做每日小预习时还需要注意两点，这两点也是很多同学容易产生理解偏差的地方。

一是每日小预习不是自学，不需要费心费力地把新知识全学会，否则老师的讲解也会变得没有吸引力。而且，如果误以为每日小预习是自学，你可能也会不自觉地对每日小预习产生抵触情绪。

事实上，每日小预习是件很简单、很容易完成的事情，但它却可以帮助你在课堂上像海绵吸水一样吸收新知识。在做每日小预习的过程中，你会标记问题，这就像为你听课时的注意力设置了"路标"，可帮助大脑自动聚焦于应重点关注的内容。同样，通过每日小预习，你还会发现过往的知识漏洞，发现那些遗忘的、模糊的旧知识。当你及时地熟悉和巩固它们之后，你便扫清了学习新知识的"路障"，因为新知识的学习需要相关旧知识做基础。

有的同学可能会有一些完美主义倾向，在预习时发现了不懂的地方，便很想马上弄明白。如果你当天很早就完成了作业，或者是在周末、寒暑假期间等时间充裕的情况下，那么你可以带着这些问题去探索和研究，但是你要知道，这是你额外做的、值得表扬的。一次很好的每日小预习就是找到问题，而不是解答所有问题。

二是没时间做每日小预习。比如有的时候作业比较多，可能你写完作业已经深夜 11 点了，这个时候还要不要坚持预习呢？

每日小预习其实是一件非常灵活的事情，时间可长可短，短的时候 3~5 分钟也可以。在这种极为特殊的情况下，你就可以在临睡前、早上起床后快速翻一翻课本，用最快的速度圈圈画画。不要觉得预习不完或者预习做得不够好，索性就不做了。记住，预习做了一定比不做好！

# 05
## 章节大预习的 3 个步骤

### ❯ 章节大预习：帮助形成知识框架

章节大预习究竟有什么作用？它能帮助大脑形成知识框架。

章节大预习是在学习一个新的章节之前，对整章内容进行预习。相对于每日小预习只关注下堂课要学的内容，章节大预习需要预习的内容更多、更广，需要花的时间也多一些。

建议在学习每个新章节的前一个周末进行章节大预习。如果你在寒暑假期间能够找到下学期的课本，可以用同样的方法在开学前一周进行一次新学期所有章节的大预习。

为什么做了每日小预习还要做章节大预习呢？

因为它们的作用不太一样。每日小预习主要是为了让你带着问题听讲，为下一堂课做好准备。章节大预习则是为了让你在学习大块的新知识之前，先在大脑中形成一个大框架，这样你在学习大块的新知识的时候就有了准备，知道自己要学什么。同时，这样一来，你对多个知识点之间的联系与区别也已经有了相对清晰的认识，便不会再零散地学习，有助于思考即将要学的新知识和已经学过的旧知识之间有什么联系，哪些部分对你来说可能是难点；后面学的时候也就不会很茫然，便于更合理地规划新的学习内容，也有利于形成知识体系，融会贯通。

这听起来可能有点抽象，其实章节大预习很像在旅行前做攻略：先大体了解一下要去哪些地方，对旅程有一个整体把握。如果你完全不知道自己要去哪儿，随便报个旅行团，穿着短袖就出发了，结果到了目的地才发现，原来这是去南极的旅行团，这时候就傻眼了。相反，如果你一开始就对旅程有整体把握，提前做好准备，那么你在后面的旅程中便能清楚地知道自己要做什么，也不会茫然无措。

## ❯ 做到这 3 步，你便能掌握章节大预习的秘诀

章节大预习一共分 3 步，理框架、画问题、补知识。

第 1 步，理框架，即梳理新章节的整体框架。

怎么理框架？先看后画。

这里看两点，一看整章目录和章首页，二看整章的每节小标题和主要知识点。从大到小，从大的一章要学习什么知识、分为哪几大部分（尤其要通过章首页了解主要内容是什么，要学到什么程度），到每节小标题，包括每节要学哪几部分、主要知识点是什么，其中包括新概念、新定义、新公式、新定理、新语法、新字词等（这些往往都是用不同颜色或者不同字体标注出来的，要重点关注）。

比如你刚学完部编版《数学（八年级上册）》第十一章"三角形"，马上要学下一章"全等三角形"了，那么你就需要在前一个周末做这一章的大预习。先看两点。首先是看章目录和章首页。通过目录你可以看到这一章要学的是全等三角形，包括正文部分的 3 节内容、1 个数学活动，以及小结和复习题，其中正文包括全等三角形、三角形全等的判定和角的平分线的性质 3 节内容。而章首页表明这一章主要学习全等三角形，同时还要继续练习上一章的推理论证。这样看来，这一章主要有两大重点学习任务，一是全等三角形，二是推理论证。

接着看每节的小标题和主要知识点。比如看全等三角形这一章中第 1 节的内容，可以看到小标题指出要做什么。那怎么找主

要知识点呢？可以看看有没有新的概念、定义、性质、公式等，课本上的主要知识点往往会用不同颜色或者字体等特别的方式标记出来。比如在要预习的第 1 节有用蓝色黑体字标记的"全等形""全等三角形""对应顶点"等 5 个新概念和 1 个新性质，这些就是这一节的主要知识点。这样就完成了这一节看的步骤。

接下来是画，把这些小标题、主要知识点用思维导图画出来。

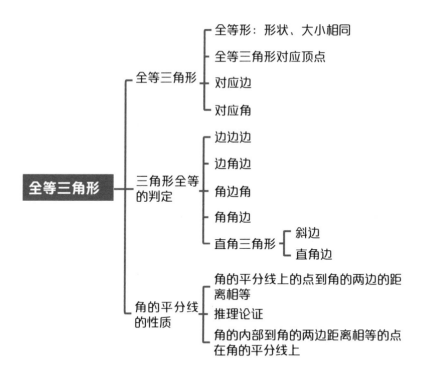

可以看到，它是一个由 1 个中心主题——全等三角形和 3 个主干加上若干个小分支组成的思维导图，其中心主题、主干、

小分支之间都用线连起来，用以表示它们之间的关系。

　　思维导图是一种形式多样、实用性强的思维工具，在绘制的过程中可以帮助你理清思路、深入理解知识。尤其是对于知识点之间的关系，你可以利用思维导图把思考的过程和思考后形成的框架都表现出来。而且很多课本章末的总结页或者小结部分都有类似的结构图或者思维导图。通过这些图，你就能对一章的内容及其知识点之间的关系一目了然。这样，这些知识点就可以更有条理地进入你的大脑，而不再以单点且混乱的形式呈现。

　　第2步，画问题。

　　这一步和小预习类似，也是在对某个部分的知识点有疑问或看不懂时，把它们画出来。

　　画的时候可以用两种不同的标记方式。对于有疑问的旧知识，也就是看到的时候知道学过或者有印象，但是具体记不太清楚的知识，可以用一种颜色的笔画出来；对于难以理解的新知识，则用另一种颜色的笔画出来。

为什么要分别标记呢？因为之后你需要对两种不同的问题做不同的处理。对于有疑问的旧知识，你需要在预习后通过复习去补充学习。对于难以理解的新知识，你则要在有时间、有余力的时候，通过进一步学习去把它弄明白；但在时间有限的情况下只需要画出来，然后在做每日小预习和上课的时候做好听讲和提问的准备就好了。

第3步，补知识。

如果对旧知识有疑问，会严重影响你对新知识的学习和理解，所以要提前处理好相关问题，这样后面学习新知识的时候才会更轻松。

你在一章中有疑问的旧知识点也许不止一两个，这时候可以先快速整理要复习的旧知识点，随后制订一个小复习计划，比如每天复习1个旧知识点，花3天时间对这些知识点进行复习和练习。例如在预习全等三角形的时候，你发现其中提到的角平分线在上一章学过，但是自己记不清楚了，这时候就把它画出来，接着马上回到上一章去复习，把它弄清楚。

## ❯ 章节大预习的3点注意事项

在做章节大预习的时候，有以下3点注意事项。

一是章节大预习比起每日小预习，内容要多一些、范围要大一些，所以需要提前计划，拿出一大部分时间来完成。建议大家在周末做章节大预习。你也可以在放假的时候、新学期开始之前的一两周，对下一学期的各个科目，尤其是自己掌握得相对薄弱的科目做一次章节大预习。

二是章节大预习不必追求完全掌握新知识。对新章节进行大预习时，肯定有很多不理解的内容，这很正常，同学们不必担心，毕竟这些都是还没学的新知识。我们做大预习的目的不是把新章节的知识都学会，而是掌握知识框架，对已经学过的旧知识及时查缺补漏，同时为学习新知识做好准备。所以，当你发现有不懂的新知识时，做好标记，等到听课的时候着重去听就好了，不必追求在预习的时候将其完全掌握。

三是对于章节大预习思维导图的绘制，不用追求完美和统一。思维导图本身就是一个个性化的学习工具，每个人画的都不太一样。另外，思维导图是一个理清思路的好帮手，我们发挥它的这个作用即可，不必追求有多精美。而且，刚开始预习时画的思维导图并不是最终版，这些思维导图需要在之后的学习过程中不断更新、完善，章节大预习阶段只要有初步的框架即可，对于细节内容和具体关系可以在之后的学习中慢慢调整、补充。

# 第 2 章

# 听课篇

学习小能手的关键步

## 01 你属于哪一种听课者？

### ❯ 为什么听课是学习的核心?

有的同学可能会疑惑，听课还需要方法吗？坐在教室里听不就可以了吗？听课当然需要方法，而事实上，很多同学并不会高效地听课。

以下是3种常见的听课者：

·刻苦踏实型：这类同学在课堂上从头听到尾，不干与课

堂无关的事情，看起来特别认真，好像是听懂了，课后也花了大量时间学习，但学了就忘，遇到问题还是没思路，成绩也不太稳定。

·顺其自然型：老师讲老师的，自己学自己的，这类同学完全按照自己的节奏来，遵守"不听、不问、不答"三不原则，成绩自然也是"顺其自然"。

·轻而易举型：这类同学上课时看起来挺轻松，下课后学得也没有很吃力；在业余时间还有一定的休闲爱好，他们的成绩却很好。

你身边有没有这3种类型的同学？你觉得自己更像哪种类型呢？同样是听课，第一种类型的同学看起来比第三种类型的同学还认真、还用功、还努力，结果成绩反而不理想。这到底是为什么？

原因很简单：有些同学掌握了高效的听课方法，有些同学的听课方法不够高效，听课方法决定了学习效果。

很多同学可能从小就听老师和家长说："上课一定要认真听，要充分利用好上课的时间。"为什么他们总在强调听课的重要性？

因为，听课是整个学习环节中非常重要的部分，是获得知识的主要途径。预习是为听课服务的，而写作业和复习是在听课之后进行的，也是为了巩固课上所学的知识。如果听课的效率高，那么你不仅写作业更容易、复习更有针对性，而且对知识的理解、消化和掌握程度也会更高，也就是说，更容易花费较少的时间达到更透彻、深入且全面的学习效果，所以高效听课是非常重要的。

## ❯ 高效听课 40 分钟的效果优于自学 2 小时

有的同学可能认为，现在除了教材，还有各种参考书、辅导书，完全可以按照自己的节奏自学，这难道不可行吗？

可行是可行，但自学要困难得多，而高效听课是最能快速、准确地获得大量知识的方式。

首先，老师会讲解难点，提取重点。

老师在课前经过充分的备课、有效的教学设计，在课堂上带着你通过思考来学习当堂课要学的内容。基于过往的教学经验，老师更知道哪些知识是重要的，哪些知识是理解起来有困难、学生在应用时容易犯错的，因此会重点详细地讲解这些知识。同时，老师也知道哪些知识不那么重要，可以一带而过，这样可以避免在不必要的地方投入过多精力。但是自学的时候呢？面对书上大量的知识，学生自己很难去筛选和分辨，可能在不重要的地方投入过多的精力。所以，老师是一个知识的"过滤器"，他们能把最核心的要点提取出来，并教给你。

其次，老师教的不仅是知识点，还有系统的学习思路。

对于单个知识点，通过自学还比较容易掌握，但是多个关联的知识点、知识点背后的思考逻辑以及通用的学习思路和方法，还是得靠老师来教。老师在讲解知识点时，不仅会讲对应题目的解题思路，还会讲解知识点背后的原理，相关的知识点，知识点之间的相同点和不同点，掌握这些知识点形成的思考逻辑还可以应用的地方，等等。而这才是一堂课中最精华的部分，也是学习的核心。如果没有老师指导，只凭自己学、只靠自己悟，实在太费劲了。

所以，课堂上高效听讲 40 分钟，一定要比自学 2 小时的效果好。更重要的是，不要产生"上课不听，可以通过课后自学来解决"的想法，更不要养成这种习惯。

> **高效听课的 3 个标准**

到底什么是高效听课？

高效听课有 3 个标准，一是专注，二是主动思考，三是理解和记忆。

首先，想要做到高效听课，就一定要专注，把自己的注意力放在听讲上。

大家应该都有过这样的经历，在看书或看电视剧正投入时，妈妈喊你去拿东西，结果你完全没听到，或者有时你随口答应了，但也根本没过脑子，很快就忘了，等你回过神来的时候，突然开始疑惑："刚才妈妈让我做什么来着？"为什么会出现这样的情况呢？就是因为人的专注力是有限的，不管是看书还是看电视剧，当专注于一件事时，就很难同时关注另一件事。

与此类似，在学习中，我们的专注力也是有限的，如果听课时不够专注，可能就听不到老师讲了什么。学习是大脑接收和消化知识的过程，而专注力就是开启大脑的信息接收功能的钥匙。只有专注了，知识才能进入大脑，之后才有机会被接收和消化，最终才能转化为自己的东西。所以高效听课的第一点就是要专注。

但是，人的专注力是没有办法长时间集中在一件事情上的。所以这里强调的专注，并不是指一节课上每一秒钟都保持高度专注，而是要有控制地专注，降低走神的频率，发现自己走神的时候马上把自己的思绪拉回来。

那么怎么才能保持专注呢？

一个简单有效的方法就是带着问题听课。在预习的部分已经提到，当你带着问题去听课时，大脑会主动探求答案，这个时候人就很专注。所以预习时可以准备几个问题，这样带着这几个问题听课，就更容易保持专注。

另外，当发现自己走神时，不要自暴自弃，认为反正没听完整，干脆就不听了，等下课之后再补。这种想法是不可取的。一旦养成这样的习惯，上课走神的时间会越来越长，从而形成恶性循环，最后可能一整节课都在走神。更好的解决方式是，当发现自己走神时，马上摇摇脑袋，把专注力拉回到听课上，或者借助一个小仪式帮助自己拉回思绪，比如在本子上用力画一条横线，然后告诉自己"停！要好好听课了"。要相信，每个人都可以是自己的小监督员。这就是高效听课的第一个标准——专注。

其次，要做到高效听课，一定要主动思考。

区别于被动地等待和接收信息，主动思考是指自己在大脑中积极主动地提出问题、经过思考后尝试找到答案的过程。比如在遇到新的知识点时，不是被动地等待老师的讲解，而是自主思考知识点本身是什么含义，相关公式是怎么推导出来的，这个公式在什么情况下适用，具体应该怎么应用，这个知识点和学过的某个知识点有哪些关联，等等。总之，大脑在这个时候应该是非常活跃的。

有的同学看起来很努力，听课很认真，但是依旧学得不好，很可能就是因为他们没有主动思考。

那么如何做到主动思考？最好的方法就是提问。不断在大脑中提出新的问题，对于老师提出的每一个问题都尝试着去思考、回答。然后慢慢试着让自己快老师一步，在老师讲到第一步时，便思考老师下一步可能会讲什么，等老师讲到下一步时进行验证，看自己的思考和老师讲的是否一致。

比如，老师问平行四边形的性质时，同学们可以试着思考平行四边形的性质——平行四边形对边平行且相等、对角相等，之后继续听讲，验证自己思考的方向和细节是否正确。

最后，想要高效听课，还要尽力做到理解和记忆。

这就需要不断问自己，老师在课堂上讲了什么，这个概念是什么意思，这部分内容为什么是这样的。当发现自己有些内容不太清楚、无法自行解答时，便说明这部分内容你还没彻底吸收。这时你就要学会及时提问，或试着对别的同学把这部分内容讲解一遍，如果别的同学能听懂，就说明这部分内容你是真的理解并记住了。

## 02

# 高效听课的课前准备

## ➤ 大脑也要做"热身运动"

同学们经常听老师说，课前几分钟可以翻看课本、回顾预习的内容，并提前准备好学习用品。有时，英语老师或语文老师可能会在上课的前几分钟要求大家放声朗读单词或课文。其实，这都是为了让同学们做好课前准备。

大脑作为一个身体器官也需要"热身"。就像平时上体育课一样，正式开始高强度运动前，老师都会带着同学们进行热身，舒展身体。如果没有进行热身，身体就会僵硬和紧绷，之后就很容易拉伤、挫伤等。

课前准备就像是给大脑做"热身运动"，目的就是让脑细胞提前活跃起来，将大脑的状态调整到最佳，帮助我们在课上集中注意力，从而专注听课，更好地接收课堂知识。

## ❯ 实现高效听课要做好这 3 点课前准备

那么如何做好课前准备呢？

第一，做好物品准备。

在课前准备好课堂上需要用的课本、笔记本、参考书、课堂用具等，将桌面收拾干净。

提前准备好各类物品，在上课需要用的时候就不用再花时间去翻找，否则很容易错过老师讲的重要内容。其他无关的东西也要收起来，放在桌面上容易分散注意力，妨碍专注听讲。有些同学的桌子上总是摆着各种各样的物品，不仅有学习用品，还有吃的、玩的等很多与学习无关的物品。这些物品都可能影响你保持专注。因此，在课前要把这些东西整理好，不要让它们影响你听课。还有的同学很喜欢买一些好看有趣的文具，比如挂有一些小动物、卡通人物等装饰的笔，上课的时候就容易被这些文具吸引注意力，所以最好不要在课堂中使用它们。

另外，桌面收拾得干净整洁，你才更容易投入学习。下面有两幅图片，左边展示的是一个杂乱的桌面，右边展示的是一个干净整洁的桌面，大家觉得自己更想在哪个桌面上学习呢？

乱七八糟的桌面会让人心烦意乱，影响学习状态和情绪，更让人无法专注于课堂。

因此，在课前首先要准备好课堂中需要的物品，收起无关的物品，并且保持桌面干净整洁。

第二，做好心理准备。

做好物品准备后，还要做好心理准备。你可以通过制造仪式感、深呼吸或做冥想训练等来帮助自己进入专注的听课状态。

你有没有一些有仪式感的小习惯？比如伸一个懒腰，把最喜欢的笔摆在桌子正中间，课间去上厕所，等等。这些有仪式感的小习惯好像是在跟大脑说："马上要上课了，快打起精神！"这样就容易建立一种秩序感，形成条件反射。比如当你把最喜欢的笔摆在桌子正中间的时候，就是提醒自己要认真听讲了，这种有仪式感的小习惯在平时可以多多应用。

此外，还可以通过深呼吸或做冥想训练的方法帮助自己进入专注的听课状态。不少同学在下课的时候可能会和朋友说笑或者去操场运动，这个时候整个人的状态可能是过度兴奋和活跃的，在这种情况下直接开始听课，很难保持专注，而深呼吸和做冥想训练是能够让身心快速安静下来的好方法。让身心安静下来，你才能更快进入专注学习的状态。

这里推荐一个能快速静下来的方法——24秒冥想法。

具体做法是，闭上眼睛，慢慢深呼吸。先吸气8秒，之后屏住气息8秒，最后再吐气8秒。在这个过程中放空自己的大脑，感受气息在胸腔和鼻腔中运动。

如果没有太多时间，可以只做一次；如果时间充足，可以做3~5次。这个过程也是凝神收心的过程，能让你的心静下来，让你的注意力聚焦在接下来的学习中。

第三，回顾预习内容，做好带着问题听课的准备。

上课前快速翻看课本或笔记本，回顾自己对这一课预习的结果，尤其是在预习时发现的重难点和有疑问的地方，这样可以加深印象，从而帮助你带着问题去听课，让你在课堂中更专注地思考，也更有效地抓取关键内容，自然也就能做到高效听课了。

# 03

## 如何高效记课堂笔记

### ▶ 记笔记的 3 种常见误区

要做到高效听课，不仅要"耳到"，还要"手到"，也就是用手记笔记，而且要科学记笔记。

记笔记是高效听课的重要环节。笔记记得好，不仅能够让听课变得高效，更能为课后知识的吸收、巩固打好基础。

同学们平时记笔记有 3 种常见误区。

一是不记笔记，全靠记忆。觉得自己记忆力不错，不用记笔记，只靠脑子记就可以了。

二是乱记笔记。想记的时候记，不想记的时候不记，或者是不分章节地记，将知识点混杂在一起，记得乱七八糟，记完之后甚至自己都看不懂，不知道哪个知识点记在了哪里。

三是全都记，追求记全。恨不得把老师说的每一个字都记下来，费时费力记了满满一大本。

你记笔记会陷入这 3 种误区吗？

那为什么说这 3 种记笔记的方法都不够科学？

第1种，不记笔记，全靠记忆。俗话说得好，"好记性不如烂笔头"，再好的记忆力也只能做到短期记忆，如果不记录、不巩固，很快就会忘记听课内容。这就是很多同学能够做到记得快，但做不到记得牢的原因。只有将知识记到笔记本上并常复习、多巩固，才能更好地记住，做到长期记忆。

有同学问："如果已经购买了参考书，而参考书上已经把笔记都整理好了，是不是上课对照着看就行？"当然不是。只有自己动手记笔记产生的记忆效果才是最好的。

为了研究在听课学习的过程中，记笔记与不记笔记的学生的学习效果的差异究竟有多大，美国著名的心理学家巴纳特曾经做过一个实验：把学生分为3组，要求第一组学生听课的时候自己动手记笔记；在课前为第二组学生提供已经记好的学习笔记，供他们上课时参照，不需要他们动手记笔记；而仅要求第三组学生听讲，不为其提供学习笔记，也不要求其记笔记。实验结果表明，第一组学生的成绩最好，第二组的次之，第三组的最差。所以，一定要自己动手记笔记，这样会有助于你的学习。

第2种，乱记笔记。这样的后果是笔记无法达到应有的效果。当你在课堂上想回顾刚刚学习过的内容时，发现根本找不到重点；当你在课后复习遇到不会的问题时，也不知道相应知识点记在了哪个位置。这样的笔记既没有起到梳理课堂上的重点、难点的作用，也无法成为后续复习巩固时的学习资料和依据，这样的学习效果自然也不会太好。

都是重点，就没有重点啦！

　　所以，首先，记笔记时要标注好章节标题，这样在回顾时可以快速找到知识点的位置。其次，笔记要干净整洁，不要让很多字挤在一起，导致完全看不清楚，可以多留一些空白的部分，根据老师讲的知识点标好序号。如果想要让笔记更清晰和有条理，可以在笔记上做一些重点标记，比如对于老师强调的重要内容可以用红笔记录或者打上星号，提醒这是重点和难点，以帮助自己在复习时提高效率。

　　第3种，全都记，追求记全。有同学觉得一定要把老师说的话一字不落地记下来。实际上，全都记和全都没记的效果差不多。这里仍然要强调，人的注意力是有限的，如果你的注意力全都集中在记下老师的话语上时，会影响你去思考和理解。记笔记不是听课的目标，而是辅助你听课的工具。

## ❯ 4 步掌握康奈尔笔记法

记笔记要提纲挈领，记重点和难点，把知识点的关键词、逻辑关系记下来。对于概念或者大段的文字不用在笔记本上抄一遍，可以写下关键词，然后备注其在课本中的页码。笔记简洁明了，复习的时候你的思路才会很清晰，你才不会因为内容太多而看不下去。

此外，记笔记时要善于运用一些符号代替文字，尤其是记数学、物理等理科笔记。能够通过数学符号和图画表达，就尽量不使用文字，这样不仅会让记笔记更高效，也能锻炼你的数形转化能力，有助于提升你的数理思维能力。

那么如何更科学地记笔记呢？这里给大家介绍一种方法——康奈尔笔记法。

下图这种笔记是不是跟你平时记的笔记不太一样呢？

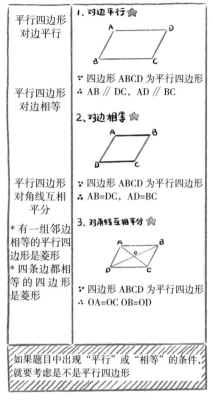

| | |
|---|---|
| 平行四边形对边平行 | **1、对边平行** ☆<br><br>∵ 四边形 ABCD 为平行四边形<br>∴ AB∥DC，AD∥BC |
| 平行四边形对边相等 | **2、对边相等** ☆<br><br>∵ 四边形 ABCD 为平行四边形<br>∴ AB=DC，AD=BC |
| 平行四边形对角线互相平分<br><br>＊有一组邻边相等的平行四边形是菱形<br>＊四条边都相等的四边形是菱形 | **3、对角线互相平分** ☆<br><br>∵ 四边形 ABCD 为平行四边形<br>∴ OA=OC OB=OD |

如果题目中出现"平行"或"相等"的条件，就要考虑是不是平行四边形

一般的笔记就是从头到尾记，但是这种笔记分成了 3 个部分，叫作三栏式笔记，也叫康奈尔笔记。

三栏式就是将一张纸划分为 3 个区域：左上方为线索栏，下方是总结栏，右上方最大的区域是笔记栏。

　　笔记栏用于在听课时进行记录，主要记老师的板书和老师提到的重点等。线索栏用于在课后复习时简化笔记栏的内容，同时也可用于记录联想到的相关问题。总结栏用于在课后复习时记录自己的收获和其他关键的内容等。

　　做好康奈尔笔记只需要 4 步。

　　第 1 步，准备好笔记本。可以购买现成的康奈尔笔记本，这样最方便。普通的笔记本也能变成康奈尔笔记本，只需画一条横线和一条竖线就可以了。

　　以上图为例，首先在页面下方约 1/5 处画一条横线，将这条横线下方的区域作为总结栏；在左上方 1/4 处画一条竖线，将左上方的区域作为线索栏；剩下的右上方最大的区域便是笔记栏。不管是记课堂笔记还是记读书笔记，笔记栏区域都够用了。

　　第 2 步，开始记录。首先在页面顶部写上主题（章节 / 单元）。之后复习时，可以通过翻看页面顶部的主题找到对应的笔记内容。还可以把日期、复习次数也记在顶部，这样可以帮助你了解自己使用笔记来复习巩固的情况。

下面以部编版《数学（八年级下册）》的"平行四边形的性质"这节课为例，这节课要学的是平行四边形的性质，那就把主题写在最上面，然后写上日期，比如4月1日，后面留下记录复习次数的位置。

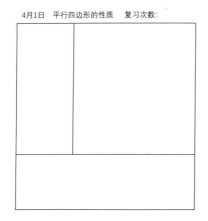

笔记内容包括老师的板书，老师在PPT上重点标记的内容，以及你听课时发现的重点和对你有启发的内容。

第3步，写线索，也就是将你总结的关键词和要点写在线索栏。

不论是课堂笔记还是读书笔记，在记录时，都要将提炼出的核心关键词和要点记录在线索栏。

一定要学会做减法，归纳总结并提炼要点。这一步非常重要，能帮助我们留下记忆的线索。

对于"平行四边形的性质"这节课来说，"对边平行""对边相等""对角线互相平分"这些小标题就是非常重要的记忆线索，可以写在线索栏。

此外，还可以把联想到的问题写在线索栏。联想到的问题可以是预习时提出的，也可以是练习题中出现频率高的，或者是跟其他章节内容有联系的，这些都可以记下来，并做好标注说明。

比如在学完菱形的定理后，你认识到菱形就是一种特殊的平行四边形，就可以在这里做补充。

第4步，总结。这一步不需要在课堂上马上进行，可以放在课后进行，或者在考前复习、考后复盘时进行。

用自己的话总结关于课程内容的理解、收获和注意事项，这是检验对知识理解程度的重要依据。如果你能顺畅地用自己的话总结课程内容，就说明你真正理解了这部分内容；而如果你在总结时发现有不明白的地方，就可以立刻查看笔记栏的内容以寻求答案，或者直接请教老师。比如，前面的例子总结的就是在解题时发现的要点。

至此，一篇康奈尔笔记就完成了。

## 04

### 新知识需要及时巩固

> ### 总结：联系新旧知识

有些同学的笔记记得非常漂亮，可是学习效果还是不好。他们似乎是把记笔记当成一项任务来完成，而没有把笔记当作高效听课、巩固知识的工具。

想要学习好，做好课堂笔记当然很重要，但是这还不够，还要做到"及时巩固、总结笔记"。

首先，新知识的记忆需要及时巩固。学习本身就是一个多次重复、不断深入的过程，大部分同学很难做到上课听一遍就把老师讲的知识全记住，所以要通过记笔记的方式来记，以便之后复习时多次重复，加深记忆。尤其是对于一些比较难的、容易忽略的细节，通过多次总结笔记、及时巩固才能达到较好的记忆效果。

其次，总结笔记可以加深理解。俗话说"书读百遍，其义自见"，意思就是把书读上百遍，对于书中的意思自然就能领会了。学习永远不会一次性完成，总结笔记会帮助我们再次思考和记忆，这也是将课堂所学知识消化吸收的过程。并且，在学习新知识的时候，我们看似探索到了新的单独的知识点，但事实上，只有让新知识与旧知识逐步建立连接，我们才能更好地掌握它们，实现融会贯通。

做好课后总结巩固，要利用好课间和课后 2 个时间段。

## ➤ 课间总结的 2 点要诀：补充和解决

首先，课间是进行总结的关键时间段，所以要利用课间及时做好笔记的补充。我们在课上记笔记的时候，经常因为时间不够而遗漏一些内容。如果要补充和整理的内容比较少，在 2~3 分钟内能补完，那就在课间立刻补完；如果要补充和整理的内容比较多，那就先在笔记本上做好标记，提醒自己需要补充什么，补充的大概内容和方向是什么，然后等到放学后再找时间补充。

其次，如果课堂上留下的问题是可以快速解决的，那么也可以通过在课间询问老师或者同学，快速做好记录，而不要养成积累问题的习惯。当然，也要保证课间有时间调整好自己的状态，留出喝水、去卫生间或者闭眼休息的时间，做好准备迎接下一堂课。

## ➤ 课后总结的 2 点要诀：完善和复述

更完善的总结还是要留出相对完整的时间段来做，比如可以放在当天写作业之前，具体做法如下。

从完善笔记入手。如果在课堂上和课间没能把笔记记全，课后首先要做的就是完善笔记。但要注意，最好将其放在当天写作业之前进行，因为完善笔记相当于复习巩固，这样你写作业也会更顺畅。

在完善笔记时，先看框架，快速浏览整篇笔记，看看有没有大块遗漏的内容，有没有上课时没记下来的内容，有的话要及时补上；然后看细节，从头到尾阅读一遍笔记，检查其中有无遗漏和错误。如果有错别字要纠正过来，过于潦草的字也要写清楚，以免复习时发现难以辨认自己的字迹；还有一些缩写的内容，如果觉得不够清晰，就要对应补全。

在完成笔记内容的补充之后，可以再用自己喜欢的颜色的笔做一些关于重点、难点、疑问等的标记。例如，把最重要的内容、最核心的知识点用红色的笔画线标记，把你觉得难或者理解得不够透彻的知识点用蓝色的笔标记。切记，笔记最好不要超过3种颜色，因为太过花哨的笔记不利于记忆。

完善笔记后，可以试着在笔记的总结栏写下总结和体会。注意，总结栏是可以更新的，它不是写好之后就一成不变的。每复习一遍，如果有新的发现，你可以在总结栏里添加新的内容；或者你在学习过程中发现这一章节的知识和其他章节的知识有联系，甚至是你在写作业时、考试后发现了新的易错点、需要特别注意的地方等，都可以写进总结栏。

整理完笔记后，建议尝试复述笔记。因为距离上课的时间过去了大半天，对于有些内容你可能已经记不清了。复述既可以检验你对课程内容的掌握程度，还可以加强你的记忆。

你可以先用手或白纸盖住笔记栏的内容，尝试按照线索栏的提示来复述笔记栏的内容，然后挪开手或白纸，检验复述得对不对、全不全。

如果你想要巩固笔记内容，那么可以在当天睡觉前再次尝试复述一遍，对那些记得不是特别牢固的内容再次加深印象。睡觉的时候，大脑会自动帮助你整理一天所学，所以你可以抓住睡前的时间，让这天中学到的知识留下痕迹，然后将一切交给大脑。

## 05

# 高效听课的注意事项

> ### 记笔记的注意事项

　　记笔记的目的是提高听课效率和巩固所学知识。为了记笔记而忽略老师讲课内容的同学们，可以说是"捡了芝麻，丢了西瓜"。

　　课堂上的内容老师往往只讲一次，而上课没记下的笔记可以下课再补，因此，听得懂比记下来更重要。课堂上最忌讳的就是因为记笔记而导致没有听到老师讲的内容，因此不可一味追求在课堂上把笔记记得完美。

　　如果要记的内容太多了，就在笔记上做个标记，或者写个自己能看懂的代号、缩写或者关键词，提示这里要记什么，留出足够的空白，然后先听课，等课间或者晚上写作业前再补上。不要因为惦记漏记了的内容而影响你的听课效率，那样就得不偿失了。

　　下面是一些速记符号示例，同学们可以参考使用。

| 符号 | 含义 |
|:---:|:---:|
| = | 等于 |
| E.g | 例如 |
| > | 大于 |
| < | 小于 |
| ∵ | 因为 |
| ∴ | 所以 |
| ? | 需要思考的问题 |
| Re: | 关于 |
| ★ | 重要 |
| { … } | 类别 |
| ⚠ | 注意 |
| → | 关联 |

对于笔记，切忌追求完美精致，保持清晰整洁就好。也不必要求字迹多么好看，我们记笔记不是给别人看的，而是给自己使用的，所以保证自己在复习时能够看懂就行。

有的同学非常在意排版，比如有的同学对于空行特别在意，少空一行都不行，一定要严格排版；还有的同学非常节省，能在一行内写完的内容绝对不换行，让能不翻页写的内容都挤在一页里。这些都是错误的做法。

在记笔记时，不要过于纠结排版，把笔记记清楚即可，尽量多留出一些空白，以便补充内容。

　　还有一些同学在记笔记时使用多种颜色的笔，把笔记弄得花里胡哨的。这样不仅不利于快速记录，而且在复习时也会感到迷惑，不知道哪种颜色代表什么。通常建议笔记使用1~3种颜色就行，并且每种颜色最好有固定的含义，比如红色代表重点，蓝色代表不容易懂的地方或者疑问，绿色代表和其他知识点的联系，等等。

　　像下面这样的笔记就太花里胡哨了，不提倡。

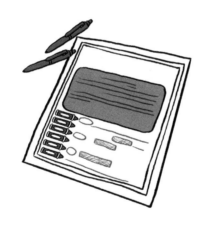

　　另外，笔记要记重点，而不是老师说什么就记什么，也不需要把老师演示的PPT上的内容全记下来。因为内容太多了，你根本不可能都记下来，这样只会影响你听课。

　　在记笔记时，尽量只记关键词，也可以用一些短语进行概括，省略一些形容词和例子。

　　比如对于"郑和下西洋在一定程度上改变了自明太祖朱元

璋以来的禁海政策，开拓了海外贸易"这句话，记下"郑和下西洋：改变禁海、开拓贸易"就行。

也许有的同学觉得，一堂课有 40 多分钟，老师要讲很多内容，自己根本不知道哪些是重点。

一般来说，重点内容有 3 种。第一种是老师特别强调的内容。经验丰富的老师会在讲重点时，特别提醒学生，比如"接下来，我要讲的是一个重要的知识点"。第二种是老师重复讲的内容。如果对于同一内容，老师多次重复和强调，它一般都是重点，要记下来。第三种是某些重要的词语，它们往往也代表了重点内容，比如含义、原因、结果、影响、特点等。当我们听到"×××的 3 个重要的含义是……""×××的产生，主要有两个原因"这样的话时，说明老师接下来要讲的就是重点内容了，这时要果断记下来。

## ➤ 上课打瞌睡怎么办？

除了记笔记以外，有的同学还发现，虽然自己非常想好好听课，但在课堂上总是犯困、打瞌睡，这时究竟该怎么办呢？这里分享 3 个对策。

第一，规律作息。晚上按时睡觉，早上准时起床，不要时不时赖床，中午可以睡个午觉。每个人都有自己的生物钟，把生物钟调整好，白天才更有精神。规律作息是保证精力充足的关键，一旦精力充足了，自然就不会犯困了。通常来说，小学生每天的睡眠时间应达到 10 小时，初中生应达到 9 小时，高中生应达到 8 小时。

第二，午睡。如果你有 60~90 分钟的午睡时间，这是最好的。如果没办法睡这么久，那么建议小睡 15 分钟。

第三，申请站着听课。如果你在上课时非常困，可以试着向老师申请站在后排听一会儿，这样可以改善血液循环，也有助于保持清醒。

# 第 3 章

# 作业篇

高效写作业的秘诀

## 01 写作业前停一停：磨刀不误砍柴工

### ▶ 写作业要"排兵布阵"

下面是4种同学们写作业时最常出现的问题，看看你有没有同样的困惑。

1. 作业太多，无从下手

语文，要背古诗，还要默写；数学，要做好几页练习册；英语，不光要背单词，还要预习明天的课文……这么多作业应该先完成哪科？真的无从下手。

2. 总是拖延，难以开始

有的同学也知道该写作业了，但就是难以开始。也不是写不下去，而且写作业的时候还是可以很专注的，但就是最开始的这一步特别难，总是拖延。

3. 写作业时难以专注

有的同学开始写作业后，一会儿看手机，一会儿看电视，一会儿发信息，总是被各种事情影响，无法专注学习，本来半小时能写完的作业，竟然写了2小时。

4. 作业错误很多

有的同学好不容易写完了作业，第二天给老师批改的时候发现犯了很多错误，还要被老师批评，挫败感特别强烈。

如果你也遇到过上述 4 种作业问题，接下来就看看怎么解决吧。

要解决作业多、拖延等问题，方法很简单：为作业做个规划。

俗话说得好，"磨刀不误砍柴工"。列好写作业的任务清单，对每一项作业进行"排兵布阵"是非常重要的环节。你可以制作一张作业规划表，这样就知道先做什么、后做什么了，写作业的时候就不会混乱了。而且，作业规划表可以帮你把作业进行拆分，这样你写作业时面对的便不再是一堆作业，而是一项一项的小任务，也就不会那么焦虑和混乱了。

## ❯ 3 步做好作业规划

做好作业规划的第 1 步，列任务清单，也就是把每项作业都当作一项任务，把它们全部列出来。你可以准备一本自己喜欢的小本子，把要做的作业逐一列出。

列任务清单的时候要注意 3 点。

第一，按学科列出今天要做的作业。

第二，把要做的作业全部都列出来，就算很少、很小的作业也要列出来，比如补充笔记、复习、预习等。

第三，列出的作业要具体到练习册从多少页做到多少页，单词背几个。

比如，今天是 3 月 20 日，先把日期写上；然后今天的数学作业有做练习册第 35~38 页、复习今天讲的内容、预习新课；语文作业有背诵《龟虽寿》、单元作文、预习新课；英语作业有听 + 读 Lesson 9、背诵第 9 单元的单词 42 个、预习新课。逐一列出后你便会很清楚地知道今天晚上要做哪些作业。

3 月 20 日

| 任务清单 |
| --- |
| **数学** |
| 做练习册第 35~38 页 |
| 复习今天讲的内容 |
| 预习新课 |
| **语文** |
| 背诵《龟虽寿》 |
| 单元作文 |
| 预习新课 |
| **英语** |
| 听 + 读 Lesson 9 |
| 背诵第 9 单元的单词 42 个 |
| 预习新课 |

有的同学可能会说，为什么要费时费力地把任务都列出来呢？脑子里记着就行了。

因为我们一天有很多事情要做，不列出来的话很容易遗漏，而且有的学习任务不是老师布置的作业，但却是必须要做的，比如整理笔记、复习、预习等。如果不列出来，这些学习任务很可能就被忘记了。

做好作业规划的第 2 步，给作业排顺序。

给作业排顺序有 3 个原则。

第 1 个原则是紧急优先原则。

就是越紧急的事情越先做，比如现在有两件事情，一件今天晚上必须完成，另一件在下周之前完成就行，那就应该先做前者，因为它更紧急。

写作业也是如此，老师布置的作业经常有不同的期限。比如，明天老师上课会讲解数学练习册，如果今晚不做完，明天上课就会跟不上，所以数学练习册是今晚一定要做完的。单元作文是下周一要交的，而今晚没有时间了，就可以安排到周末再写，这样既不影响今晚的作业，也不耽误下周交单元作文。这就是在运用紧急优先原则。其他的如复习、背诵之类的作业，如果是当日需要完成的任务，也应该排在写单元作文前面，而像预习下周的学习内容就可以排在写单元作文后面，这样写单元作文就变成倒数第二位了。

可能有人会疑惑，那除了写单元作文和预习，其他任务的顺序怎么排呢？

这就需要用到第 2 个原则，简单第一原则。

这个原则主要是帮助你快速开始写作业，解决拖延的问题。

简单第一原则是要把简单的、容易完成的任务排在第一位，把它们完成后再去做稍微难一点的任务。

很多时候我们不想开始做一件事，是觉得它不仅难，工作量还大，但是当这件事比较简单，工作量也很少的时候，那就容易开始了。打个比方，现在让你去跳绳 500 下，你可能完全不想做，但如果只让你跳 5 下，那就简单得多了，这就是简单第一原则。在写作业的时候，不要想着一下子完成所有的作业，可以从最简单的开始，一项一项完成，比如先复习一下今天新学的课程，补充整理笔记，等等。

另外，当比较轻松地完成一项任务后，你就会有一种成就感，心情也会随之变好，从而更有动力去完成后续的任务。

所以在开始做当天的作业时，要从最简单的开始。

第 3 个原则是交叉原则，写作业时，尽量难易交叉、不同类型交叉。

意思就是先完成一项简单的任务，再做一项难点的任务；如果完成了背诵的任务，那下一项任务就可以选择做题，这样交叉进行的效率更高。

以上就是给作业排顺序的 3 个原则，紧急优先原则、简单第一原则、交叉原则。综合利用这 3 个原则后，你"今晚"写作业的顺序就出来了。

如下图所示，先做最简单的数学复习，接下来做难一点的数学练习册；这个时候大脑可能有点累了，就可以去背语文的《龟虽寿》；接着可以更换一下作业类型，所以先听 + 读英语

Lesson 9；因为单元作文是下周才交，所以放在周末写，预习下周的语文内容也可以延后。这样就把"今晚"写作业的顺序列出来了。

### 3 月 20 日

| 任务清单 |
| --- |
| **数学** |
| 2. 练习册第 35~38 页 |
| 1. 复习今天讲的内容 |
| 5. 预习新课 |
| **语文** |
| 3. 背诵《龟虽寿》 |
| 7. 单元作文 |
| 8. 预习新课 |
| **英语** |
| 4. 听 + 读 Lesson 9 |
| 6. 背诵第 9 单元单词 42 个 |
| 9. 预习新课 |

做好作业规划的第 3 步，评估时间。要评估完成每项任务需要的时间，然后设定完成的时间点，并写在任务清单上。

比如，19 点开始写作业，预计 10 分钟复习完数学，大概 40 分钟能写完数学练习册，中间休息 5 分钟，再花 15 分钟背完《龟虽寿》，对后面的任务也做好时间评估，然后把每项任务大概在哪个时间段完成写到任务清单上。

## 3 月 20 日

| 任务清单 | |
| --- | --- |
| **数学** | |
| 2. 练习册第 35~38 页 | 19:10—19:50 |
| 1. 复习今天讲的内容 | 19:00—19:10 |
| 5. 预习新课 | 20:40—20:50 |
| **语文** | |
| 3. 背诵《龟虽寿》 | 19:55—20:10 |
| 7. 单元作文 | 周末 |
| 8. 预习新课 | 周末 |
| **英语** | |
| 4. 听 + 读 Lesson 9 | 20:15—20:35 |
| 6. 背诵第 9 单元单词 42 个 | 20:55—21:05 |
| 9. 预习新课 | 周末 |

　　给每项任务评估时间可以清晰地知道每项任务的开始和截止时间，并且可以随时把控自己的完成情况。如果提前完成可以稍微放松一下；如果落后于计划，就要督促自己抓紧时间。这样可以有效避免拖延情况的发生。

　　在规划时间时，如果一项任务需要很长时间才能完成，则要把它拆分成多项小任务。比如做数学练习册可以拆成第 35~36 页在 19:10—19:30 完成，第 37—38 页在 19:30—19:50 完成；单元作文可以拆成 9:00—9:15 完成大纲，9:15—10:00 完成作文。通过拆分降低每项任务的难度，作业也就没那么难完成了。

最后，当规划好了任务清单，开始写作业之后，每完成一项就划掉一项，看着任务被逐项划掉，不仅可以了解自己的完成进度，还会越来越有成就感，让写作业更有动力。

### 3 月 20 日

| 任务清单 |  |
| --- | --- |
| **数学** | |
| ~~2.练习册第 35- 38 页~~ | ~~19:10—19:50~~ |
| ~~1.复习今天讲的内容~~ | ~~19:00—19:10~~ |
| 5. 预习新课 | 20:40—20:50 |
| **语文** | |
| ~~3.背诵《龟虽寿》~~ | ~~19:55—20:10~~ |
| 7. 单元作文 | 周末 |
| 8. 预习新课 | 周末 |
| **英语** | |
| ~~4.听 + 读 Lesson9~~ | ~~19:55—20:10~~ |
| 6. 背诵第 9 单元单词 42 个 | 20:55—21:05 |
| 9. 预习新课 | 周末 |

## 02 做好这 3 点，写作业更专注

有时候同学们会发现，自己已经做好了准备，但在写作业的时候，还是会遇到一些小问题。比如本来作业写得好好的，客厅突然传来电视的声音，妈妈突然开门和自己聊天，手机突然弹出提示音……而自己不自觉地被这些因素干扰，等你意识到的时候，好几分钟已经过去了，结果导致本应该 1 小时就能完成的作业，硬生生用了 2 小时才完成。

那如何在写作业时保持专注呢？

下面分享两个方法。

一个是营造有助于保持专注的物理环境和心理环境，另一个是使用番茄学习法。

前面提到过，为使自己上课时更专注，要在课前做一些准备，包括物品准备和心理准备。同样，在写作业之前，我们也可以用类似的方法来营造有助于保持专注的环境，主要可以从物理环境和心理环境两个层面进行准备。

## ❯ 营造有助于保持专注的物理环境

营造有助于保持专注的物理环境，就是主动把身边那些可能产生干扰的物品都拿走，想办法把那些在写作业时可能分散自己注意力的干扰因素都屏蔽掉。

比如，如果室外的噪声大，就关上窗户；如果家里有人看电视、说话，就关上自己的房门，或者告诉家人自己要写作业，拜托他们小声一点，还可以戴上耳塞，等等，把噪声干扰降到最低。

学习用的桌面和房间也要保持整洁，把容易分心的物品拿走。如果学习过程中总是控制不住地想去看手机和电脑，那么最好把手机和电脑放到隔壁房间，不要放在视线内。还有各种零食、玩具等，凡是会让自己分心的物品，在开始写作业前都要拿走，也可以事先告诉父母不要进来给自己送零食。

毕竟被新奇和刺激的事物吸引是人的本能，因为我们很难对抗这一点，所以要从源头解决问题，通过减少干扰物来达到保持专注的效果。

## ❯ 营造有助于保持专注的心理环境

要营造有助于保持专注的心理环境，可以通过一些具有仪式感的方式让自己的身心进入一种准备状态，告诉自己"我要开始学习了，我要变得专注了"。

比如，在每次开始写作业前收拾一下桌子，倒一杯温水，用这样的小仪式告诉自己接下来要专心学习了。或者将冥想作为开始写作业前的仪式。可以运用前文提到的 24 秒冥想法：先闭上眼睛，然后深呼吸，接着吸气 8 秒，屏住气息 8 秒，再吐气 8 秒，所有的动作一定要慢；同时放空自己的大脑，感受气息在胸腔和鼻腔中运动。可以重复几次，在最后一次冥想的时候，想一想下一步要完成的作业，等睁眼的时候，大脑就已经进入了准备状态，可以马上开始做了。

其实，每个人做心理准备的小仪式可能都不太一样，你可以找到属于自己的小仪式，也可以使用以上推荐的方式。这些小仪式，可以让人不自觉地调整到适合学习的状态，还能让人心情愉快、变得自律。

## ❯ 巧用"番茄工作法"写作业

帮助我们在写作业时保持专注的另一个方法就是非常有名的"番茄工作法"。番茄工作法是由意大利著名"时间管理大师"弗朗西斯科·西里洛在 1992 年发明的，也叫"25 分钟学习法"。

番茄工作法的核心是把一整段时间分成很多个 25 分钟，实现工作与休息的阶段性循环。我们通常以工作 25 分钟为一个小番茄钟，其间保持专注，不允许做任何无关的事，直到番茄钟响起才可以休息 5 分钟；休息结束后，再进入下一个小番茄钟；4 个小番茄钟后休息 25 分钟，构成一个大的番茄钟循环。

为什么是 25 分钟？因为人的大脑能保持高度专注的时间是

有限的，每个人的情况不同，平均来说，人一般可以在 25 分钟左右的时间内保持专注。如果超过这个时间，人很容易走神，注意力也会变得分散，大脑需要休息，这样才能再次集中注意力。

我们在写作业时具体要如何使用番茄钟呢？

首先，设定时间。把任务清单拿出来，再找一个闹钟，按照任务清单安排好的顺序开始写作业，同时用闹钟设定 25 分钟后的提醒。大家也可以直接购买番茄钟，市面上的番茄钟非常方便，已经设定好了 25 分钟和 5 分钟的提醒，不用自己反复设置。

然后开始计时，专注于任务，有任何干扰都不要停止，直到 25 分钟结束。

比如现在开始写数学作业，如果在这个过程中，你刚写了 10 分钟就不想写了，想换成语文作业，或者想去厨房找点东西

吃，都是不可以的，在这25分钟内就只能写数学作业。如果写着写着走神了，要马上提醒自己，集中注意力。总之，在这25分钟内要专注于写数学作业。

25分钟结束以后，站起来休息5分钟，活动下身体，放松大脑。5分钟的休息时间一结束，开始写下一个25分钟应完成的作业，在学习25分钟、休息5分钟的节奏中循环。记得在第4个25分钟后，也就是学了接近2小时的时候，休息25分钟。

这里有3点需要注意。

第1点，在一个番茄钟内保持专注。

告诉自己在这25分钟里要专注于当前的学习，无论有什么事或想法都要等这25分钟结束之后再说，要相信自己一定可以做到。

第2点，学习时间可以略长于25分钟。

有的时候时间到了，但任务还没完成，那该怎么办？要不要停下来？

此时可以选择先休息5分钟，然后再学。但如果你的状态还不错，或者说正在写的作业需要连贯的思路，比如你正在做一道数学题，这会儿思路清晰，题正解到一半不能中断，那么也可以等做完这道题再休息，但持续学习时间最好不要超过40分钟。

第3点，提前完成，灵活调整。

如果番茄钟还没响，你就把计划的作业写完了，可不可以直接休息？比如写数学作业时用了一个半番茄钟就完成了，那剩下的半个番茄钟要怎么办？

其实，番茄钟可以有一定的灵活度。你当然可以直接休息，但相对地，下一个番茄钟的循环也要提前开始。不过你也可以选择继续下一项任务，然后等铃声响后再休息。

25 分钟是为了让你能最大限度地保持专注而给出的参考时间，而不是让你只学 25 分钟。

通常，如果你完成一项任务后，当下这个番茄钟只剩不到 10 分钟了，那就提前休息；如果这个番茄钟剩下的时间超过 10 分钟，就可以直接进行下一项任务。

## 03 高效写作业的关键步

> **写作业之前先复习**

同样是写作业，有的同学写完不仅检验了自己对知识的掌握情况，还巩固了自己对知识的理解，有的同学写了却和没写一样，不会的依旧不会，还白白浪费了很多时间。

如果想让写作业发挥它真正的作用，使花在写作业上的时间和精力没有浪费，我们需要做好这关键的几步：先复习、独立写、想难题。

第 1 步，先复习。这一步的复习只需要花费 10 分钟左右。

因为是快速地开启复习，只需补充和复述笔记。

我们可以利用补充笔记的机会快速回顾一下当天学的内容，做一次简单的复习；补充完成后，再做一次复述，对笔记内容进行强化。如果当天的笔记已经比较完整了，那可以跳过补充这一步，直接开始复述。最好先不看笔记，自己试着复述，或者拿一张白纸，边回忆边列出当天学的内容，能回忆多少算多少，然后再看笔记复习。

为什么写作业之前要先复习？

因为直接开始写作业的话，你很有可能出现白天学的内容都记不清了、写的时候不停翻书的情况。这时候如果照着书写作业，既达不到检测的效果，也起不到巩固练习的作用。

另外，10分钟的复习是一件相对容易完成的事情，补充的笔记、回忆复述的内容都不是全新的，难度小，容易启动，能够更快地把我们带入学习的状态。

第2步，独立写，也就是限定时间，独立完成作业，要自己思考，不看课本，也不看答案。

复习完之后就要正式开始写作业了。不过这一步要把作业当作小测试来做，发挥它的检测作用。记住，限定时间，不看课本，也不看答案，先把自己会写的写完，剩下的那些难的、实在不会的题目等一会儿再写，这样可以避免自己一直陷入部分题目，拖延整个写作业的进程。

如果看着课本或答案去写，看上去题目做对了，你却略过了让大脑巩固记忆的环节。当你努力主动地回忆时，知识点都在被强化。主动提取一次的效果要远远好于机械式地抄抄写写。

第3步，想难题。这一步要把上一步遗留的问题解决了。上一步把能做的、会做的题目全都做完后，剩下的就是不能做的、不会做的题目了，此刻你就要集中精力解决这些遗留问题，这时可以回归课本。

碰到难题时，有的同学会选择放弃或者直接看答案，有的同学会特别有挫败感，甚至开始否定自己。其实，学习中遇到难题是再正常不过的事情了，而发现难题、解决难题是一件很有成就感的事情。所以，遇到难题不要放弃，也不要直接看答案，要冷静下来，让自己耐心地多思考一会儿，试着去享受解决难题的美妙过程。

## ❯ 作业太难？用"灵魂三问"法

下面介绍"灵魂三问"法，它是能够引导你梳理难题、解决难题的好帮手。

第1问：题目中有什么（信息、条件、数据）？

第2问：题目需要你解决的问题是什么？

第3问：为了解决这个难题，你需要先知道什么、再知道什么？如何能够获得这些信息？

解决难题的时候如果没有思路，就试试用"灵魂三问"法，通过询问自己把想到的答案写下来，让自己的思路更加清晰，也更容易有新的发现。

有一点要注意，思考难题的时候要设置一个时限，规定一道难题最多思考多长时间，比如设置10分钟，如果时间到了还是没思考出结果，可以先放过这道难题，等其他作业都写完之后再返回来看，或者做个标记，第二天去请教老师，避免卡在一道题上太久，耽误了写其他作业的时间。

最后是写作业的第4步，再复习，这一步是针对性复习，主要针对第2步和第3步——独立写作业时，记不清、忘记的内容和遇到的难题。完成最后一步，作业的巩固强化作用也最大限度地发挥了出来。

## ❯ 养成好习惯 做好作业检查

作业完成后，要养成一个好习惯——检查。

千万别小看检查这个习惯，很多同学做错题并不是因为不会，而是因为粗心，比如看错了题目的条件，漏写了一个字母或者小数点，读串行，填错地方，等等。粗心这个问题看似不严重，但是如果放任不管，使其变成习惯，那么发生类似错误的次数会越来越多，所以养成检查的习惯要从每一次完成作业后做起。

这个习惯很好养成，每次完成作业后，将所有题目和答案浏览一遍即可。我们要重点注意 3 部分内容，即题目、答案和基本信息。

首先是题目。有的同学在作业批改下发后，才发现自己漏掉了一道题目；有时考试时也会因为没有看到试卷背面的题目而漏做。检查题目就是为了避免这类情况。

其次是答案。有的同学会将解题过程和答案都写在草稿纸上，但却忘记将最终答案填写在作业本或者考卷上，例如填空、选择等小题；还有的同学在填写最终答案或者涂答题卡时出现漏填或者漏涂。所以，也要重点检查此类情况。

最后是基本信息，比如名字、学号、题号等，对于作业或者考试中要求填写的关键信息，也要养成检查的习惯。

# 第4章

# 复习篇

## 构建知识网络

# 01
## 复习为什么重要？

### ❯ 复习可以加深记忆

老师和家长经常会说："一定要复习，快去复习。"你听得都已经烦了，心想："我每天要学那么多东西，光是学就很辛苦了，哪有时间去复习？为什么老是要求我复习？"

其实，复习是学习必不可少的一环，即使学习时间紧张也需要抽时间去做。

复习的一个作用是加深记忆。对于课本上的知识，我们是无法学一遍就全记下来的。不论是语文诗词、英语单词，还是数学公式，我们都要背诵好几遍、反复理解之后才记得住，而每一次反复背诵和理解都是一次复习。

下图是著名的艾宾浩斯遗忘曲线，你可以简单地将其理解为，当我们学习过后，知识会随着时间的推移而被遗忘。横轴代表时间，纵轴代表记忆留存率。从图上可见，学习过后的 1 天，新学的知识会被忘掉大约 $\frac{2}{3}$，而其在 1 个月后大约只剩下 $\frac{1}{10}$。所以，要想对抗遗忘，就要复习，而且还不能只复习 1 次，而要多次复习。

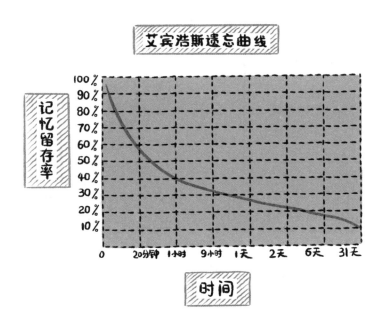

### ❯ 利用复习反复思考才能透彻理解知识

复习的另一个作用是加深对知识的理解。

对知识的理解是一个逐渐深入的过程，特别是对于那些难度大、寓意深远的知识，我们往往不能一次就透彻领会，只有通过反复学习思考，才能逐渐领会其中深奥的含义。

比如学习哺乳动物和鱼类的区别，知道了哺乳动物的特点是胎生、用肺呼吸和体温恒定；了解了鱼类的特点是大多生活在水里，卵生、用鳃呼吸、体温不恒定。

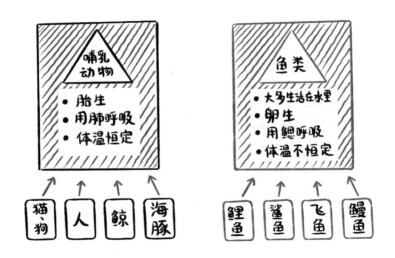

看到这样的定义，你肯定会想："它们挺好区分呀，不就是通过胎生还是卵生、体温恒不恒定、用肺还是用鳃呼吸、在哪儿生存来区分的吗？那放眼看过去，虽然不知道哪些动物是用肺呼吸、哪些动物的体温恒定，但可以知道猫、狗和人一样，是胎生的，所以猫、狗肯定是哺乳动物了；而鱼类的区分就更简单了，鱼类大多生活在水里，那生活在水里、名称带鱼的，大概都是鱼类了吧，所以鲤鱼、鲨鱼、鲸等肯定也都是鱼类。"

作为一个初学者，这么想很正常，但是这里有一个小错误。

鲸虽然名称带"鱼"字，也生活在水里，却是一种哺乳动物，而非鱼类。它们用肺呼吸，所以才需要时不时浮上水面来换气；而且鲸是胎生的，不是从鱼卵成长起来的。对于这些知识、你可能听上一遍不一定能记住，需要在复习时反复加深印象。

当你知道鲸这个特例时，你就会发现，对于鱼类和哺乳动物的区分，真的不只是根据它们是否生活在水里，也不只是看它们的名称里是否有"鱼"字，而是需要从它们的呼吸器官、生殖方式、体温是否恒定等特点来综合判断。

对于很多概念，是需要你在复习中逐渐加深理解的。所以对于有些知识，你似乎是学懂了，其实可能只是似懂非懂，要经过后续的复习，才能真正理解透彻。

## ❯ 用复习形成自己的知识体系

复习还有第三个作用，那就是能帮助你利用学到的知识形成知识体系，建构出知识网络。这个时候，无论你是做题、考试还是在生活中需要用这些知识解决问题，它们都可以有效地被提取，你也可以做到举一反三。

比如，小学科学课和初中物理课都讲过，空气遇冷就会液化，所以冬天窗户上经常有水滴；我们在学习地理时，知道了雨滴是水蒸气遇冷凝结而成的；在看野外生存节目时，我们知道了在野外可以通过烧水收集蒸馏水获得干净的饮用水。这些其实都体现了同一个知识点，只是其在不同学科领域内有不同的说法和应用而已。或许我们单独学习一个知识点时，没能发现这些现象彼此之间存在联系，但当我们系统地复习时，就会发现，原来冬天窗户上形成水滴、降雨、收集蒸馏水背后都是同一个原理——气体遇冷液化。

将知识融会贯通、真正理解和应用，是需要复习帮助我们做到的。复习是学习不可缺少的一个环节，需要我们更主动、有意识地去进行。

# 02

## 轻松做好每日、每周复习

### ▶ 每日复习：每科 5~15 分钟

想要将所学的新知识牢牢记住，想要在考试前不再紧张地熬夜突击，最好的方法就是及时复习。从时间上看，及时复习就是在学完课程的当天复习，即每日复习；以及在周末把本周所学的内容再复习一遍，即每周复习。

每日复习其实在前文听课和作业部分都提到过。从周一到周五每天上完课后、晚上开始写作业前便进行复习，这样能让写作业更高效。想要先写哪科的作业，就先复习哪科。比如，放学回到家，想先写数学作业，就先复习数学：先不着急打开课本，试着回想一下当天数学课上老师讲的内容，如果有想不起来的就努力再想想，实在想不起来再翻课本看，然后再写作业。

每日复习的主要作用就是巩固当天课堂上新学的内容、整理笔记。

每天都要对当天讲的新内容进行回顾，把课本、笔记、课堂上的练习题都看一遍；有辅导书的，也可以看看辅导书上的讲义。

如果时间充足，还可以对前两天学的知识进行回顾、巩固。如果当天作业很多，没时间做这么多事，那就只复习当天学的内容。

另外，每天复习的时候，正是整理、完善笔记的好时候。第 2 章听课部分提到过，对于课上来不及整理的笔记可以做好标记，留到课后再去整理。课后整理时间就是每天写作业前进行每日复习之时。

每日复习不用花费太长的时间，每科 5~15 分钟就够了。如果感觉当天的知识掌握得不错，花 5 分钟左右回顾一下即可。如果需要整理笔记或是有比较难懂的问题，那么可以延长到 15 分钟左右。每日复习和每日预习就是要在短时间内完成，如果占用很长时间，就会变成负担，进而影响写作业的效率。我们通过复习，可以更好地巩固当天学到的内容，将笔记整理好，从而更顺利地完成作业。

## ❯ 每周复习：重做错题

　　每周复习，顾名思义就是每周进行的复习，一般是指周末进行的复习。在周末选一个完整的时间段，把一周学过的内容过一遍，注意分科目进行，比如先复习一遍数学，再复习一遍语文，等等。建议在周末将作业都完成之后再来做每周复习。

　　每周复习的内容可以是课本、笔记、错题和一周学过的其他内容或学习材料。如果有时间，还可以针对重点、难点做一些延伸练习。

　　每周复习除了能加深对知识的记忆，还是一次查缺补漏的好机会，可避免学习中的漏洞越来越大，影响后续的学习，或者是到考试的时候悔之晚矣。要达到查缺补漏的效果，做每周复习时需要做到两点：第一，浏览之前记录的问题；第二，把错题重新做一遍。

　　第一，浏览之前记录的问题。

　　这样做是为了检测现在有没有将其搞明白。这里的问题包括预习时画出来的问题、听课时产生的疑问、写作业时遇到的难题。对于已经明白的问题，可以略过；对于还没有搞明白的问题，要利用周末把它解决掉。

　　每周复习要把重点放在查缺补漏上。有的人喜欢回避问题、回避困难，复习时只看容易的、自己会的，遇到有问题的地方就跳过，想留到以后解决。这种做法违背了每周复习的初衷，是不正确的，一定要把重点放在问题上，解决问题才是最关键的。

第二，把错题重新做一遍。

错题是很有价值的，它们可以告诉我们大脑在学习时建立的"错误连接"在哪里。如果不修正，这些错误会反复发生，并且持续被强化。所以要养成整理错题的习惯，每周复习时重做错题。

重做错题，要注意是动手重新完整地做这些题目，而不是看一遍错误之处或者正确的解题思路。如果只是浏览、翻阅，你很可能会误以为自己掌握了。重做错题时，要注意把曾经的错误之处、正确的解题思路和答案都盖住，把错题当作一道新题目来做。

# 03 一张图帮你做好单元复习

> **单元复习：形成知识体系**

单元复习是每学完一个单元、一个主题后，针对这个单元或者主题进行的复习。

比如周二学完了第 12 章，那么当天晚上就要针对这一章做复习。复习的时间比较灵活，可以自己调整，比如推迟到周末，和每周复习一起进行。

单元复习是帮助形成知识体系的重要方式，可以把知识联系起来，融会贯通。

很多人平日一课一课地学习了很多知识，这些知识在脑子里都是混在一起的、乱糟糟的。如果根据一个主题整理出知识之间的条理和结构，并形成体系，那么对知识的理解会更深刻，知识也会变得更加好记。

就像本章第 1 节说到的鱼类、哺乳动物的区别，只要集中整理，以后再遇到什么动物，相信你都能很快判断出它到底是哺乳动物还是鱼类。

在进行单元复习时，可以使用思维导图构建单元知识框架。思维导图其实并不复杂，我们通过思维导图能快速掌握知识间的联系，还可以达到自我检测的效果。

## ❯ 用思维导图做单元复习

具体如何用思维导图做单元复习呢？一共分 3 步。这里以复习部编版《地理（八年级下册）》第 5 章 "中国的地理差异" 为例。

第 1 步，确定复习的主题。在不翻课本的情况下，凭借主动回忆，用思维导图画出一个知识的嵌套结构。可能会有遗漏，很多内容都想不起来，或者压根不知道自己漏掉了什么，没关系，只要把想到的都写上，第 1 步就完成了。

回到上面的例子，如下图所示，中心主题是这一章的标题——中国的地理差异。不难想到主干有 3 个——四大地理区域、地理差异显著、秦岭—淮河一线的地理意义。然后想想主干后面的内容：关于四大地理区域，可能想到的就是南方地区、北方地区、西北地区和西藏地区；关于地理显著差异，想到自然环境差异和人类活动差异；关于秦岭—淮河一线的地理意义，想到的是南北方地区的分界线和 1 月 0℃ 等温线，其他的记不清了。

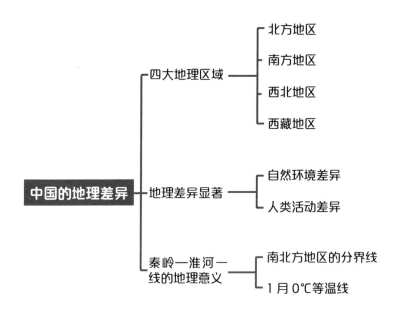

注意，此时一定要努力想、使劲想，不能有"想不起来就算了，直接看课本吧"这样的心态。大脑只有努力回忆和提取，才能把知识记住。

第2步，对照课本，对思维导图进行修正，留意错误和遗漏。在尽你所能进行完第一次主动回忆之后，打开课本，检查这张思维导图，哪里遗漏了要补上，哪里错了就改过来。这个过程就是在加深记忆。修正的时候最好用其他颜色的笔，如果是用计算机画的思维导图，就换一种字体或颜色来改。

回到前面的例子，当我们翻开地理课本对照着检查时，会发现记不清的秦岭—淮河一线的地理意义还有3种，分别是800毫米年等降水量线、亚热带和暖温带的分界线、湿润区与半湿润区的分界线，这时就可以换一种颜色的字把它们补上去；然后还能发现一个错误，四大地理区域之一是青藏地区，而不是西藏地区，这里要特别标记一下，因为之前记错了；还可以发现有一处可以更详细——地理差异显著的自然环境差异部分，包括气温、降水、地势，把这些也都补上。

第 2 步修改完之后，思维导图如下图所示。

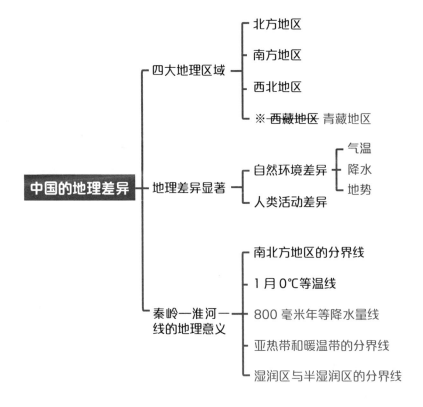

第 3 步，用思维导图主动回忆。现在思维导图画好了，我们要好好利用它，可以看着思维导图，在大脑里回忆具体的知识点，然后用自己的话把它们说出来，对于实在回忆不起来的

内容，就看一下课本。

之后再复习时，要重复这一步，这样慢慢地会越来越熟练，脑海中的这张思维导图会逐渐清晰，直到你能回忆起所有的知识点。

考试前，可以将思维导图和复习资料结合在一起复习。如果是在期末考试前，你可能会有很多张这样的思维导图，可以借助它们快速回顾所有的知识点，尤其是思维导图上用不同颜色标记的部分要重点关注。

## ❯ 复习的注意事项

还有一个注意事项，上一节提到的按时间进行的每周复习和本节提到的按阶段进行的单元复习，这两类复习都要做，因为二者的功能是不同的。每周复习是一种定期的复习，其功能是减少遗忘、查缺补漏。单元复习的重点是围绕一个主题，让知识更加有结构性，其功能是把知识联系起来，形成体系，让你做到融会贯通。

在日常的学习安排中，可以先把每周复习的时间固定下来，再根据上课的进度安排单元复习；也可以把每周复习和单元复习放在同一时间做，比如先回顾一下一周的新知识，再用思维导图梳理一周刚学完的单元内容。

## 04 不动笔的复习法：讲述复习法

### ❯ 什么是讲述复习法？

有的同学特别不喜欢写东西，一拿起笔就头疼，下面介绍一种不需要纸笔还能高效复习的方法——讲述复习法。

有这样一个真实的故事，在一个普通农村家庭，父亲是农民，但是把两个孩子都送到了重点大学。记者采访这位农民父亲："您把两个孩子都送进了重点大学，请问有没有什么绝招？"农民父亲的回答出人意料："我没什么文化，更没啥绝招，只不过是让孩子们教我罢了。"这位农民父亲对记者说，小时候家里穷，自己没念过书，自然也就没什么文化来教孩子们，但他又不能由着孩子们瞎学，于是就想出一个办法：每天等孩子们放学回家，他就让孩子们把老师讲的内容给自己讲一遍；孩子们写作业，他也跟着在旁边读读孩子们的课本，弄不懂的地方就问孩子们，如果孩子们也弄不懂，就让孩子们第二天去问老师。这样一来，孩子们既当学生又当"老师"，学习的劲头高涨。就这样，两个孩子学习成绩从小学到高中一路攀升，直到考上重点大学。

实际上，这位父亲提到的"让孩子们教我"的方法就是讲述复习法。

讲述复习法是把学到的知识用自己的话讲一遍。"讲一遍"可以是讲给别人，也可以是讲给自己；如果在讲的过程中遇到不清楚的地方，要在及时学习和巩固后重新讲，直到能讲清楚为止。

## ❯ 讲述复习法激发主动学习

很多学习好的同学经常给其他同学讲题，不仅解决了其他同学的问题，也让自己通过"讲"而学得更清楚，这正是因为他们给别人讲题相当于运用了"讲述复习法"。这种方法为什么好用呢？

首先，重新讲一遍能让自己将知识理解得更透彻。他们在讲述知识的时候，实际上相当于沿着自己的学习思路将知识和逻辑又梳理了一遍，这样自己对知识的要点、立论和逻辑体系的认知会更加清晰，理解也更加深入，还可以发现很多学习时被忽视的细节。

其次，讲述复习法是最能发现知识漏洞的方法之一。平时你通过做题进行复习的时候，对于有的知识点可能并没有完全掌握，但是半蒙半猜地把题目做出来了，这个知识漏洞就很可能被忽略了。但是当你讲述时，如果遇到自己没有理解的部分，是一定没办法讲清楚的。

最后，使用讲述复习法属于主动学习的范畴，学习效果更好。

按照学习金字塔的理论，学习分为两大类——被动学习和主动学习，如下图所示。

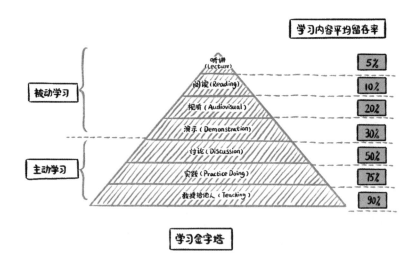

从上图可以看出来，教别人的学习效果是最好的。因为在

教别人的时候，你用的是自己组织的语言，把学到的知识真正变成了自己的知识，从输入变成了完整的输出，而且在这个过程中你会自动地将学到的新知识和已经学过的旧知识联系起来，这样记忆也会更加深刻。

## ❯ 讲述复习法如何操作？

讲述复习法包括 3 个操作步骤。

第 1 步，确定要讲述的内容。

讲述复习法如果在每日复习时使用，可以讲新学的知识点、易错点以及当天作业中的问题；如果在每周复习时使用，就讲一遍一周做过的错题和特别难、当时思考了很久的题目，并对一周所学的知识进行概述；如果在单元复习时使用，就讲单元框架、单元重点等。可以说，任何类型的复习都可以采用讲述复习法。

第 2 步，找个讲述对象并讲给他听。

讲述对象可以是你的同学，如果你讲得不对，需要请对方帮忙指出来。父母也可以是你的讲述对象，因为你学的很多知识可能父母并没学过，或者是他们很久之前学过但已经记不太清的，那么你讲的内容是不是能让父母听懂，就更加考验你对知识的理解是否透彻了。在讲的时候，可以和对方进行互动，允许对方提问，之后再一起讨论。这样不仅能保证你确实讲清楚了，还可以针对问题进行一些延展性的学习。

如果在某些环境下找不到讲述对象，你也可以采取模拟教学的方式，想象自己正在对着很多同学讲。

特别要注意的是，要通过讲述来发现问题。如果在讲述的过程中，卡在某一个地方，或者在讲完之后，发现漏掉了某一个知识点，又或者讲述对象根本没有听懂，都不要害怕，这些问题在你刚开始讲述的时候可能会频繁出现，这恰恰说明讲述复习法帮你找到了知识漏洞，这是好事情。有问题不可怕，可怕的是不知道问题在哪里。通过讲述，精确地找到知识漏洞，你就能有针对性地复习，把发现的问题解决掉。

第 3 步，重复。

复习不能只进行一次，而是要时常进行，使用讲述复习法也一样。第一次讲述可能会出现各种问题，比如卡顿、讲不清楚、对方不能理解等，那么就需要你在查缺补漏之后再次进行讲述，直到把知识掌握得滚瓜烂熟，那么在考试时这些知识也会被流畅地运用起来。

做到这 3 步，讲述复习法就可以使你从不会到会，从不熟练到熟练，再从熟练到精通，真正实现孔子所说的"温故而知新，可以为师矣！"。

## 05 巧用错题，高效复习

> ### 学习一大忌：一错再错

很多同学平时会很努力地复习，但他们只会用题海战术，不停地做新题。别人做一套卷子，他们做两套，甚至更多，但是一到考试，结果却不如预期，他们不会的题目，下次遇到还是不会、依然做错。

事实上，学习中有一种很常见的现象：我们曾经做错的题，之后还会再次做错。因为错题代表着学习中的漏洞和薄弱处，它在大脑里原本就被储存错了，如果没有被修正，很容易反复出错。

那么该如何改错呢？用好错题本。通过错题本整理错题，分析错误原因，追踪到出错的具体知识点，然后有针对性地复习这些知识点，再反复重做错题，把正确的知识点和解题思路牢牢记住——这就是错题复习法。

## ❯ 5 步掌握错题复习法

错题复习法是一种高效的复习方法，有以下 2 个优势。

第一，把错题整理在一起，能更快查漏补缺，有针对性地复习。

当错题分散时，我们可能发现不了什么问题；但如果把错题放在一起，我们基本上就能发现问题出在哪里。

第二，用好错题复习法，能够让正确记忆覆盖错误记忆。

把题目做错了就好比在雪地上走错路，会留下一串错误的足迹，如果不修正，我们下次还会不自觉地沿着错误足迹走。所以，想要不再错，就要用正确记忆来覆盖原本错误的记忆，而且需要重复 3~5 次，才能让正确记忆完全覆盖错误记忆。这种多次复习就需要用错题复习法来实现。很多时候，彻底搞明白一道错题，比多做 5 道新题更有用。

错题复习法的具体操作如下。

你需要准备一本错题本，把平时作业、小测验中的错题都记录下来。

要找一些专门的本子来记录错题，不同的科目用不同的本子，也可以买现成的错题本或者就用普通的作业本。在错题本上，每道错题要记录 5 个部分，如下图所示：①错题题目；②相关知识点；③正确解题思路；④错因分析；⑤总结反思。这 5 个部分分别对应错题复习法的 5 步。

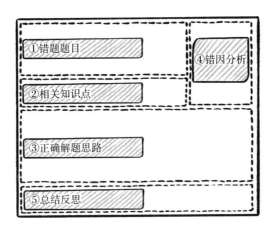

第 1 步，记录错题题目，要完整、准确地记录，包括图形、图表，以免漏掉关键信息而影响做题，也不要写"见练习册第 15 页"，因为用错题本也是为了不用到处翻来翻去。

比如我们做错了一道二元一次方程相关的题目，如下图所示。

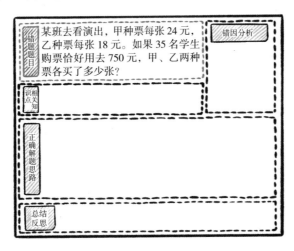

我们首先把这道题目抄在"错题题目"区域，注意要抄完整，不要遗漏关键信息。如果题目比较长，手写比较麻烦，也

可以把题目剪下来贴在错题本上。不方便剪的话，现在有很多小文具可以帮你，比如手掌大小的错题打印机，用它给错题拍个照，马上就能打印出来贴在错题本上。

这里要注意，记录错题题目时，我们要记的是"干净"的原题，不要同时记录错误的答案、自己做错的地方。

第 2 步，标出相关知识点，要把这道题目考查的相关知识点清楚地标出来，例如考查了哪个概念或者哪个公式等，如下图所示。

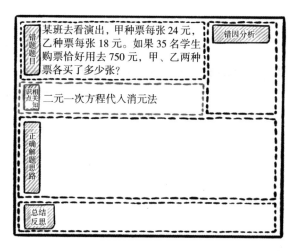

这道题目考查的知识点是二元一次方程，不过还有一个更细的知识点，那就是在解二元一次方程时，要用到代入消元法。如果不清楚二元一次方程的概念或者不知道代入消元法怎么用，可以把这些概念和方法的解释写上去。

第 3 步，给出正确解题思路，这一区域的面积比较大，因为我们要把正确的解题思路、解题过程、答案都写上去。之后复习错题的时候，需要把这部分内容挡起来，先靠自己来做，做完之后，再把这部分内容跟自己做的进行对照。注意，重要的是写下正确答案和解题思路，不要只抄答案，一定要写解题思路，如下图所示。

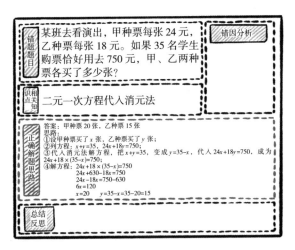

这道题目的正确答案是甲种票买了 20 张，乙种票买了 15 张，只写这些没有用，一定要写怎么得出这 2 个答案的。

解题思路如下：

用二元一次方程解题，第①步设甲种票买了 $x$ 张，乙种票买了 $y$ 张；

第②步根据题目条件列方程，$x+y=35$，$24x+18y=750$；

第③步用代入消元法解方程，把 $x+y=35$ 变成 $y=35-x$，代入 $24x+18y=750$，成为 $24x+18 \times (35-x)=750$；

第④步解方程，$24x+18 \times (35-x)=750$，$24x+630-18x=750$，$24x-18x=750-630$，$6x=120$，$x=20$，$y=35-x=35-20=15$；

最后得出答案。

把每一步怎么做列清楚，然后建立这类题目的答题思路，以便以后再遇到这种题目的时候能快速解题。

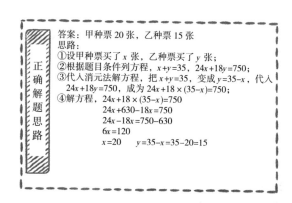

正确解题思路

答案：甲种票 20 张，乙种票 15 张
思路：
①设甲种票买了 $x$ 张，乙种票买了 $y$ 张；
②根据题目条件列方程，$x+y=35$，$24x+18y=750$；
③代入消元法解方程，把 $x+y=35$，变成 $y=35-x$，代入 $24x+18y=750$，成为 $24x+18\times(35-x)=750$；
④解方程，$24x+18\times(35-x)=750$
$$24x+630-18x=750$$
$$24x-18x=750-630$$
$$6x=120$$
$$x=20 \qquad y=35-x=35-20=15$$

第 4 步，错因分析，要分析自己在哪一步出错了，为什么错了，如下图所示。这一步非常重要，是避免以后再犯同类错误的重要方法。

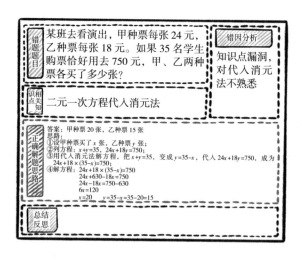

错题题目

某班去看演出，甲种票每张 24 元，乙种票每张 18 元。如果 35 名学生购票恰好用去 750 元，甲、乙两种票各买了多少张？

错因分析

知识点漏洞，对代入消元法不熟悉

相关知识点

二元一次方程代入消元法

正确解题思路

答案：甲种票 20 张，乙种票 15 张
思路：
①设甲种票买了 $x$ 张，乙种票买了 $y$ 张；
②列方程：$x+y=35$，$24x+18y=750$；
③用代入消元法解方程，把 $x+y=35$，变成 $y=35-x$，代入 $24x+18y=750$，成为 $24x+18\times(35-x)=750$；
④解方程：$24x+18\times(35-x)=750$
$$24x+630-18x=750$$
$$24x-18x=750-630$$
$$6x=120$$
$$x=20 \qquad y=35-x=35-20=15$$

总结反思

一道题目做错了，可能是粗心或者不熟练导致的，细致分析原因，可能包括审题错误、计算错误、抄写错误、表达错误等。很多同学遇到这类情况就觉得无所谓，对错误原因随便写一个"不认真"，认为下次注意就好了，结果发现下次又犯同样的错，所以这样不认真的分析是没有用的。

我们对于粗心、不熟练导致做错的题目，要非常重视，因为这些题目本来是可以做对的，是比较容易提升的部分。对待这些题目，需要进一步分析，比如计算错误是怎么导致的？是计算的时候搞错了符号，还是因为跳步？审题错误是怎么导致的？是哪些关键词没看见、什么条件没注意，还是题目有哪些陷阱？……只有找到这些更细节的原因进行总结，才能避免再出错。

还有一个原因是知识漏洞。一道题目你确实不会，可能是不记得某个知识点，或者不会运用这个知识点，对知识点的理解不透彻。比如这道题目的错误原因，经过分析是不知道要用代入消元法，这说明对二元一次方程解法理解得不透彻。出现这样的问题要进一步思考，为什么会有这个知识漏洞？是没有做到高效听课，还是复习的时候忽略了？或者是之前写作业的时候遇到过，但是没有解决？一道题做错的原因可能有很多种，必须认认真真地进行分析，才能预防下次再犯错。

第 5 步，总结反思，要记录自己得出的结论、思考内容、收获等，并制订改进计划，如下图所示。

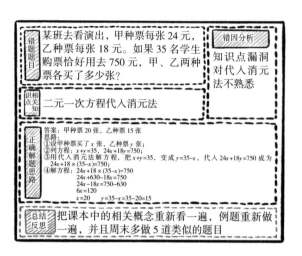

对于因粗心做错的题目就要总结一些注意事项，比如计算不要跳步、审题有哪些关键点一定要看清、哪些内容容易混淆等。对于知识漏洞要根据相关的知识点做针对性的练习。

比如这道题目，是对代入消元法不熟悉导致做错的，那么可以记录"要把课本中的概念重新看一遍，例题重新做一遍，并且周末多做 5 道类似的题目"。当然，也要反思自己平时听课、写作业、复习的情况是否存在问题，如果存在问题，该如何改进。

通过这 5 个步骤，一道错题就被整理好了。

除了这核心的 5 部分内容外，还可以根据自己的需要增加一些内容，例如，在题目上方加上错题编号、错题记录日期、巩固数次，在右边加上错题来源等。这些不做强制要求，它们是辅助的提醒。比如利用错题编号，你可以安排每日需要攻克的错题编号数，方便记录；利用错题记录日期，你可以查询这道错题已经在错误记忆里持续了多久；利用巩固次数，你可以了解对这道错题巩固了几次；利用错题来源，你可以核对查找，了解这道错题来自平日的作业还是某一年的大考真题。这些是辅助工具，根据个人的习惯而定，可以按需添加进去。

一张错题本的内页可以参考下图。

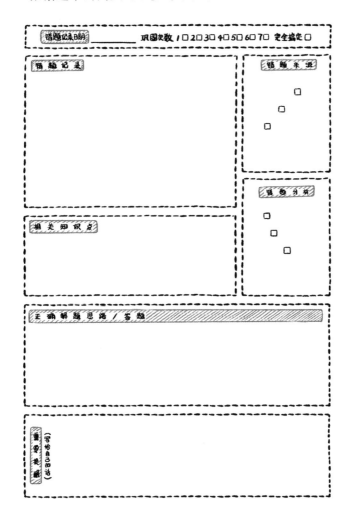

## ❯ 使用错题复习法的注意事项

将错题整理好之后，你就可以使用错题本复习错题了。

在复习错题时，有 3 点需要注意。

第一，复习错题时，不能只看，一定要动笔做。只看是发现不了问题的，一定要动笔再做一遍，看自己能不能做对。当然，做过几遍已经非常熟练之后，在复习的时候可以结合讲述复习法，只讲述解题思路。

第二，做题的时候，要把正确解题思路挡住。建议找张小卡片把正确解题思路那一部分挡住，然后在草稿纸上开始做，做完之后，再与正确解题思路做对比。对于做题过程中的新收获可以添加到最下面的反思总结里。

第三，错题不需要按照顺序复习，可以打乱顺序或者挑一部分复习。复习错题时不需要从头到尾按顺序来，比如一次可以只做某类知识点相关的错题，一类一类地复习；可以只复习错误原因是审题错误的，或者也可以先浏览题目，然后挑选那些看起来印象不深刻，没有十足把握的题目来做。总之，不需要按照顺序复习，每次做哪些题目自己安排。

# 避开复习的 4 个常见误区

## ❯ 误区 1：考前"临时抱佛脚"

复习的第 1 个误区：考前"临时抱佛脚"。

好多同学平时很轻松，课后写完作业就不管了，也不见他们复习，结果一到考试的前一两天就开始紧张起来，甚至"头悬梁，锥刺股"，恨不得把所有时间都用来复习；考完后，成绩总是达不到预期，他们还总是感叹：自己就是学不过班里那些经常考前三名的同学，考前都没见他们复习，怎么就能考那么好？

没错，或许考前三名的同学考前看起来的确没有那些临时抱佛脚的同学费力，那是因为通常他们都把力气花在了平日。平日他们就是边学边复习的，所以考前不用如此费力。

"临时抱佛脚"是可以在短时间内记住一些知识，但是记得不牢。

真正学习好的同学在考前基本不会熬夜奋战，只需要拿出之前已经整理好的复习资料或者错题本做简单的回顾，就可以在考场上发挥出高水平。所以，"临时抱佛脚"不是一种好的复习方式。考前需要复习，但复习不能只在考前进行。想要真正学得好，复习一定要渗透在日常的学习中。

## ❯ 误区 2: 熬夜拼命复习

复习的第 2 个误区：熬夜拼命复习。

熬夜拼命复习不仅效果不好，而且对睡眠、身体健康都有很不好的影响。

近些年，关于脑科学、心理学的研究发现，睡眠不仅能帮助修复内脏、储存体能，还能帮助大脑自动加工白天接收的信息，巩固记忆。睡眠不足会影响学习的效果。

美国全国睡眠基金会的一项研究成果表明，对 6~13 岁的儿童来说，最佳睡眠时长是 9~11 小时；对 14~17 岁的青少年来说，最佳睡眠时长是 8~10 小时。如果晚上睡不够，就会导致白天头脑不清醒，学习效率下降。

所以，不要熬夜复习。熬夜复习一次，忘掉的知识可能比记住的还要多，这是得不偿失的。

## ❯ 误区 3: 眼高手低

复习的第 3 个误区：眼高手低。

很多同学在复习的时候会犯一个大忌，就是"眼高手低"，复习的时候看着很多题都懂，很多公式都记住了，觉得好像都会了，没什么好复习的，但是一考试就蒙了，做题磕磕绊绊，错漏百出，陷入"一看就明白、一听就会、一做就错"的怪圈。这是"熟练度错觉"在作祟。

要走出这个怪圈，需要做到"先测后学"。在复习时，先不看课本和笔记，直接凭记忆回忆一下当天的新课讲了什么，回忆时，可以画思维导图，也可以用讲述复习法，回忆之后再对照课本和笔记，看看哪里没记住或者记错了，针对这些知识漏洞再着重看笔记、例题。

总之，不论是复习还是写作业，都不要先去看课本、看答案，而要先去回忆、去思考、去做，这样才能明确知道自己对哪个知识点掌握得不牢。

虽然有时自己也很努力地回忆，但还是有很多知识都无法回忆起来，会让人产生挫败感，这是非常正常的，但是一定要顶住这种挫败感，使劲回忆。复习的时候回忆不起来，但发现了真正的问题，这其实比在考场上回忆不起来才发现问题要好得多。

## ❯ 误区 4：集中时间"猛"复习

复习的第 4 个误区：复习的内容和时间太集中，不知道间隔复习。

很多同学会自己哪科不好，就盯着哪科学，死磕到底，甚至一复习就是一整天，比如先复习两天英语，再复习两天语文，最后复习两天数学。这样集中复习的方法让同学们看上去十分刻苦，但是效果却并不是很好，更好的复习方法是间隔复习。

间隔复习分为时间间隔复习和内容间隔复习。时间间隔复习的意思是把复习的时间打碎，不要一口气学完，而是分散进行。比如，计划复习英语，总共需要3小时。比起一次用3小时就复习完，更好的安排是分成3次进行，每次1小时，总时长不变，但是复习效果会更好。

有的同学会觉得，时间一分散，复习就不连贯了，复习了的内容还容易忘。其实不然，间隔复习恰恰能给予大脑充分的时间去巩固记忆。所以，更好的复习方法是把大块的复习时间切割成多个小块的时间，不要一口气复习一整天，而要把复习安排在几天内进行。

内容间隔复习是指将不同内容穿插复习，不要用大段时间集中复习同样的内容。比如复习时，不要先复习完语文，再复习数学，最后复习英语，而要英语复习一点、数学复习一点、语文复习一点、数学再复习一点，交叉进行。

当长时间盯着一个科目的时候，大脑会感到倦怠，这样会使注意力下降，从而导致学习效果变差。但是如果将各个科目交叉着复习，就能够让大脑保持活跃。

有两个间隔准则需要注意：文理交叉和难易交叉。

文理交叉：像语文和英语这些文科科目和数学、物理这些理科科目，在复习时可以交叉进行。如果先复习语文或英语，那接下来就复习数学，然后再复习英语或语文，再复习数学。

请注意，这种间隔不是指这科看几分钟，又去翻翻那科，而是指一科复习告一段落后换另一科，比如不同科目交叉复习 1 小时。

难易交叉：就是难易内容要交叉复习。比如，数学做了一道很难的大题后，可以去做一道简单的题目，然后再做难一点的题目。不要一直做难题，因为这容易让人丧失信心；也不能一直做简单的题目，这样只能让人心情愉悦，容易自满，没有办法提升自己。

# 第 5 章

# 考试篇

## 考试是学习的指路标

# 考前准备：做好复习计划

## ❯ 机会是留给有准备的人的

很多同学平时学习还不错，但考试成绩总是不理想，这是没有掌握考试的关键方法，稀里糊涂去考导致的。

考试本质上是一种对学习成果的阶段性检测，是对同学们过去一段时间内知识掌握程度的检验。

可以说，考试本身就是一种非常高效的学习方式，它不仅能帮助同学们回顾一个阶段学过的重要知识，而且能通过综合性强、灵活多变、应用性强的题目来考查大家是否真正将知识掌握了。

正因为这样，在考前，考试作为阶段性的具体目标，可以为你指出更明确的学习方向，激发更充足的学习动力；在考后，考试也是一种反馈，可以帮助你了解学习的情况，找准之后进步的方向。

那怎样才能发挥好考试的作用，让它成为自己进步的好帮手呢？

机会永远是留给有准备的人的，一定要认真对待考试，早做准备，避免"裸考"。

很多同学给自己留的考前复习时间非常少，比如期中、期末考试的考前复习时间只有不到1周，有的同学甚至没有给自己留出考前复习的时间。如果你平日里也缺乏复习或不够了解自己的学习情况，那么就很可能在考试前手忙脚乱，不知从何下手。看见别人复习物理，自己也拿出物理课本看；看见别人背英语单词，自己也跟着背英语单词：完全没有规划，乱做一通。这样的复习会有好效果吗？不太可能。

想达到一个好的复习效果，为考试做好准备，首先要做的，是为自己制订一个合理、高效的复习计划。有了这个复习计划，就能做到心中有数，有条不紊地按照自己的节奏、朝着自己的目标努力，充分做好考前复习。

## ❯ 3 步制作"复习冲刺计划表"

只要用3步把"复习冲刺计划表"制作好，复习计划也就做好了，如下表所示。

| 复习冲刺计划表 | |
|---|---|
| 考试日期： | 距考试还有　天 |
| 目标 | 奖励 |

| 每日计划 | |
|---|---|
| 第1天 | |
| 第2天 | |
| 第3天 | |
| 第4天 | |
| 第5天 | |
| 第6天 | |
| 第7天 | |
| 第8天 | |
| 第9天 | |
| 第10天 | |
| 第××天 | |

第1步：写出考试日期和距离考试还剩多少天

首先，要知道下次考试是什么时候，算一下距离下次考试还有多少天，把天数醒目地写出来。这样做既能提醒自己重视这次考试，也能对这次考试的复习有一个整体的把握。

考前复习尽量不要少于7天，不然时间会非常紧张。

第2步：填目标和奖励

确定一下这次考试要达成的目标，将其填进表格里。这个目标可以是某一科考多少分、进步多少分等比较宽泛的目标，也可以更具体一些，比如之前经常因为马虎而看错题目、计算错误等，这次考试的目标就可以设置为这类错误要少于 3 处等。然后，给自己设置一个达成目标的奖励，合理的奖励是增强复习动力、帮助达成目标的好帮手。

比如，目标是期末考试数学进步 10 分，而奖励可以是和父母一起去吃顿大餐，也可以是买一本自己喜欢的书，或者是找个周末去郊游之类的。

第 3 步：确定每天的复习任务

确定了复习时间和目标之后，最重要的是确定具体的复习任务。首先要根据老师强调的重点、难点，结合自己以往考试的弱点，确定要复习的内容，再将其安排到每日计划里。在安排每日计划时，要尽量详细，比如对数学题可以详细到要完成哪些主题的多少道题，这有助于确定每天的任务量。

假如你在上次考试时，数学的几何证明题做得不好，那这就是你的一个弱项，你需要在这次考试之前进行专项突破。例如在 10 天中，每 2 天练 1 次几何证明题，每次练 5 道，那么就可以在计划表里每 2 天就安排 1 次练习 5 道几何证明题；要是觉得语文阅读比较难，容易出错，就可以计划每 2 天练 1 篇语文阅读，并在做完之后总结答题思路，把这些都写进你的计划表里；再如，期末考试要考英语听力，每天都得练一练英语听力，保持自己对英语的敏感，那么就可以安排每天都练 20 分钟的英语听力。

每天复习完成之后，可以在表格旁给自己当天复习任务的完成情况打分，满分是 5 分。比如，今天做了 5 道数学几何证明题，虽然有 3 道没有做出来，但是你非常努力地分析了解题思路，还把自己记不太清的公式重新背了一遍，那么就可以给自己打 5 分；如果做完题没有很好地总结，有 1 道题还没搞明白，那就给自己打 3 分，提醒自己第二天到学校问老师或者同学，把这道题搞清楚。

这就是分 3 步利用"复习冲刺计划表"做好复习计划。每个人在制订复习计划的时候，要根据自己学习的实际情况确定具体的复习任务。最适合自己的学习方法才是最好的学习方法。

## ▶ 制订复习计划的注意事项

在制订复习计划的时候，以下 3 点需要注意，这样才能让复习计划发挥更大的功效。

### 1. 抓住重难点和弱项

平时很多考试的复习时间非常有限，因此我们无法把每个知识点都复习好几遍。所以，好的复习计划要有重点、抓难点，并不需要面面俱到、平均发力。重点、难点一定是老师经常强调的内容，还有自己在以往考试中暴露出的比较弱势的科目、题型。有的同学刚开始复习的时候特别细致，恨不得把书上的每一个标点都记下来，结果导致根本没有时间复习剩下的内容，考试的时候就出现了"复习的都没考，考了的很多都没复习"的情况。所以在考前复习阶段，一定要先复习重点，保证对常考的重点内容复习到位，之后如果时间宽裕再复习其他内容。

还有一种情况是要避免的，那就是在自己擅长的科目上投入太多时间，但是不擅长的科目都没怎么复习。因为擅长的科目学起来有成就感，越有成就感越爱学，而对不擅长的科目总是提不起兴趣，结果是本来就不擅长、还没有重点复习的弱势科目更弱了。因此，需要在弱势科目上多花时间。

2. 内容交叉、难易交叉

在制订复习计划时，最好保证每天都有不同的科目任务，将理科科目和文科科目交叉起来复习，同时让具体的复习任务也有不同类别。比如复习数学是做题，那复习英语时安排听力练习就比安排做题更好一些，这样在复习的时候，自己就不容易感到枯燥和疲惫，也符合大脑记忆的规律，更有可能提高复习效率。

这里还要注意避免一个误区：一科复习一整天，一科不复习完就不开始下一科。比如下周考数学，这周周末就从早到晚做数学题，别的什么也不做。

这样安排不符合我们之前讲到的间隔复习法。一定要注意这 8 个字"内容交叉、难易交叉"，把复习的科目、内容交叉起来，困难的和简单的也穿插起来，这样效果更好、效率更高。

3. 适当"宽松"，不要排满

考试复习往往时间紧、任务重，很多同学都很迫切地想要把所有的时间都用来复习，所以把时间安排得很满。但是复习的时候，不免会遇到比较耗时、耗费精力的重点、难点。比如，在完成"5 道数学几何证明题"这一项复习任务时，很可能有时候遇到的题很简单，很快就做完了，但是某一天遇到了难题，5 道题做了 2 小时还没做完。这都是很正常的现象。

所以，在安排任务的时候，要适当留出一点空间，比如可以每天多留半小时，用来处理之前没完成的任务。

# 02

## 考前秘诀 1：用 2 个本子做好复习

### ▶ 用笔记本复习

每到考试复习，我们总会面对各种各样的复习材料，课本、笔记、练习册、作业、习题……不知道从哪儿开始。

 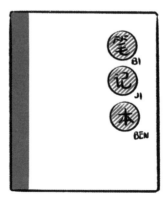

这里教给大家考试复习的秘诀——"本本制胜"，就是用 2 个本子（笔记本 + 错题本）在考前复习中抓住重点、难点。前文已经对如何整理笔记和制作错题本做了详细的介绍，这里就可以让它们派上更大的用场了。用好了这 2 个本子，重点和难点基本尽在掌握，考试时就可以轻松掌舵了。

"本本制胜"中的第 1 个本子是笔记本。无论是每周复习还是单元复习，都可以依据笔记本进行。因为用笔记本复习可以从以下 2 个方面大幅度提高复习的效率。

第一，笔记本能帮你建立知识体系。

笔记是上课的时候跟着老师讲课的内容记的，老师讲课的时候会把知识点的结构梳理清楚，比如一节课上老师讲了 3 个知识点，将第 1 个知识点分为 3 个部分，一级一级地把结构都理清楚了。

复习的时候，有了笔记本上这些清楚的知识点结构，你就能更快地建立知识体系，这就好比旅行时拿到了地图，要去哪儿都能很清楚地知道怎么走。在学习中，有了知识体系，要记起某个知识点或者利用知识点做题就很容易了，而笔记本就是帮你建立知识体系的好工具。

第二，笔记本中常常包含重点和难点。

考前复习要有重点、抓难点，老师上课反复强调或者要求记录下来的往往就是重点；而难点，就是自己预习时、上课时或者写作业时觉得难、不完全理解的部分。这两部分在笔记本上都有记录，而且很多同学都会对这些知识点用不同颜色或符号做出标记，并在笔记本最下方进行总结。考前复习直接看笔记就能抓住很多重难点了。

但是，很多同学在复习笔记的时候，就只是把笔记本拿出来，一页一页地翻一遍，走马观花地看，觉得好像什么也没记住，然后就又从头一页一页地翻一遍。如果只是这么机械地翻看，翻再多遍也不会达到好的复习效果。

复习笔记具体该怎么操作呢？方法非常简单，只需要 3 步，每一步就 2 个动作。

下面以前文提到的康奈尔笔记为例。

第 1 步，遮挡 + 回忆。用手或者纸把笔记栏遮住，只看线索栏，试着用自己的理解把笔记栏的内容回忆一遍，最好复述或者找张空白的纸写出来，这样方便下一步操作。

第 2 步，拿开遮挡物 + 检查。回忆完之后，拿开遮挡物，检查自己记住了多少内容，忘记了或记错了哪些要点。这时之前复述或者写出来的内容就方便用来对照检查了，不然只在大脑里回忆，没办法检查，出错了或者漏掉了哪些内容也不知道。

第 3 步，标记 + 再复习。检查后，把忘记的、记错的、记得模糊的内容都标记出来，或者贴个便签，再一次重点理解和复习这些标记后的内容。有的同学喜欢把笔记本折个角，一般不建议这么做。因为笔记本会被反复查看，如果经常把纸张折起来，可能会对纸张造成损坏，一个残缺不全的笔记本不仅用起来不方便，也容易让自己心情不太好。

做好标记后，过一段时间，要重新回头看这些内容，仍然要采用同样的方法检查自己是不是真的记住了、弄懂了。

只有通过这样的方式才能真正发现自己不会的内容。如果只是简单地看笔记本，你对于笔记本上很多内容或多或少都有残留的记忆，看到相关提示词，一下就想起来了。这个时候，你其实没有真正掌握知识或掌握得还不够熟练，但是总有一种错觉——"我都会了"。正是这种错觉导致你忽略了复习中的薄弱环节，考试的时候才问题频现。

## ❯ 用错题本复习

"本本制胜"的第 2 个本子是错题本。前文详细介绍了错题复习法，这里不再赘述。如果你在日常复习中已经按照错题复习法的标准整理了错题，那么在考试之前，就会有一个记录了很多错题和反思总结的错题本可以使用。在平日用错题本进行复习时，我们强调要动手重做错题。如果你平日都做到了，那么在考前可以进一步灵活使用错题本。这里给你一个方法："3+3"。

第 1 个"3"，指的是用 3 种方法进行不同程度的复习，概括来讲，就是看一看、想一想、做一做。

第一，看一看，就是重新翻一翻错题，看一下当时的改正思路。

第二，想一想，比看一看更深入，可以只看错题的题目，然后自己想一想，该题考查的知识点是什么，正确的解题方法是什么，解题思路是什么，当时为什么做错了，现在是否掌握了，等等。通过思考这几个问题，就把错误的原因、题目所对应的知识点、正确的解题思路、当前掌握情况都明确了。

第三，做一做，最深程度的错题复习，就是把错题再做一遍。

第 2 个"3"，就是分 3 种情况来选择不同的方法复习错题。可以对照自己目前的情况选择合适的方法来复习。

情况 1：在复习时间充足的情况下，把错题全部做一做。

最理想的复习方法当然是把所有的错题都重新做一做。尤其在考前复习刚开始的阶段，时间比较充裕时，把每一道题做错的原因、每一道错题中体现的知识点都搞明白。比如，如果有 1 个月的复习时间，那就在第 1、2 周把错题本上的错题都重新做一做。

情况 2：重点做一做 + 其他想一想。

如果时间比较有限，来不及把所有的错题都做一遍，那就根据之前自己的情况有重点地做一做，将其他的题目想一想。

你在进行单元复习的时候可能已经复习过很多错题，有的错题对应的内容如果已经掌握得不错了，那想一想就可以了。这样就能节省一些复习时间。但是对有的错题，你再复习的时候发现自己还是不太会，或者想不明白当时错在哪里，这就要重新做一做。比如数学中有些题目涉及大量计算，在光想一想没有办法想清楚的时候，还是要动手做一做、算一算。

在思考解题思路的时候，可以结合讲述复习法，在不看答案的情况下把解题思路讲一遍，这个方法省时又有效，对理科类的解答题尤为管用。你在考前可以找机会给别人讲题或讲内容，讲得越熟练，表示你将知识掌握得越牢固。

情况 3：最起码要全部看一看 + 整理易错点清单。

如果实在是没时间做题，也不能完全放弃。最起码要把错题都看一看，熟悉一下自己曾经弄错、弄混的知识点。看错题本比随便翻课本、看辅导书要更加高效，更加有针对性。

对于一些反复做错的题目、一些经常记不住的公式或者在考试中需要特别注意的地方，要在考前复习的时候将其重新总结到一张易错点清单上，以便考试前一天晚上和当天早上再看几遍，加深记忆。

以上3种错题复习方法可在下表所示的不同情况下选择使用。

| 情况1 | 时间充足，复习前期 | 全部做一做 |
| --- | --- | --- |
| 情况2 | 时间有限，复习中期 | 重点做一做＋其他想一想 |
| 情况3 | 时间紧张，复习后期，临考前 | 最起码要全部看一看＋整理易错点清单 |

# 考前秘诀 2：模拟考试

## ❯ 模拟考试：做好考试准备

在像高考、中考这样的大考前，学校会组织同学们参加"一模""二模""三模"这样的模拟考试。模拟考试能够帮助同学们更好地做考试准备。

那么同学们自己在准备考试的时候，也可以利用这个方法，给自己准备一次模拟考试。模拟考试主要有三大好处。

第一，模拟考试是一次对知识的全面的查漏补缺。有同学为了考试而考试，一听到考试就抗拒，这其实是因为没有真正理解考试的意义。我们通过模拟考试发现问题，分析问题产生的原因，改正出现的错误，总结考试中的收获以及反思暴露出的问题，然后对它们进行归类，并进行逐一对照，之后制订出改进的计划，坚持执行，这才是考试真正的意义，是帮助我们进步的关键。

很多学习好的同学不仅不怕考试，反而会用考试来学习。他们通过模拟考试在考前及时发现自己还没有掌握牢固的知识点，明确自己的不足在哪里，这样便能更有针对性地复习。

每一次考试都是查漏补缺的机会。

第二，模拟考试是提前进行头脑演练，帮助熟悉真实考试过程。有很多同学平时学得还不错，一到考试就出问题，最主要的一个原因是对真实的考试过程不熟悉、不了解。

实际上，考试是需要在规定时间内将已经掌握的知识尽可能展示出来，它不仅涉及对知识点本身的熟悉程度，而且和很多其他因素相关。比如怎样在不同的题目间分配时间，怎样在两个多小时内保持注意力的集中，怎样准确填涂答题卡，等等。这都是在平时写作业和复习中常会被忽略的问题，但在真正的考试中却不可避免。那么在模拟考试中，我们就可以针对这些部分进行演练，积累经验，考试时就能"有备而来"。

第三，模拟考试有助于调整好心态，缓解紧张。在考试的时候，大多数同学多多少少都会有些紧张，这其实是很正常的情况。有的同学容易被"考场如战场"这样的说法吓到，考试的时候甚至出现思维混乱、大脑空白、手控制不住地发抖这样的情况，严重影响其考试发挥。如果有这样的情况，大家在模拟考试中就可以提前适应考试中的紧张状态，进而调整心态。

## ❯ 4 步安排模拟考试

模拟考试对于很多同学来说都是克服紧张和焦虑情绪的一个好方法。同学们在大考之前，多参加几次模拟考试，往往就能克服自己紧张、焦虑的情绪了。这在心理学上叫"心理脱敏"。如果学校组织了统一模拟考试，要重视起来，好好利用它；如果自己安排模拟考试，可以分4步进行。

第1步，选模拟试卷。

平时的考试是由老师出题，中考、高考这样大型的考试都是由专业的考试中心来出题。而自己选模拟试卷时该怎么选呢？这里提供一种"3+1"的选择标准。"3"指的是要选综合卷、真题卷、模拟卷这3种。

综合卷，指的是涉及一本书的知识或者一学期所学内容的试卷，往往包含多个单元、多个章节的知识。

真题卷，指的是某个阶段考试实际用过的试卷。比如某一年的中考、高考真题卷。用真题卷的好处是，它最接近实际考试的情况。当然，真题卷不是很多，不是那么好找，所以之前做过的真题卷也可以用来做模拟卷。

模拟卷，就是用教辅材料上类似"全真模拟题"的这类试卷来进行模拟考试。和真题卷类似，中高考模拟卷比较好找，如果需要小学或初中的模拟卷，可以根据自己的情况选择一套适合自己所在地区的试卷。

除了以上选择模拟试卷的"3"个标准，还有"1"点非常重要，就是要选择参考答案全面且详细的试卷。一般来说，这些试卷资料后面都会附上参考答案，我们可以翻一翻，对比一下，看看哪种试卷的答案更完整，有的试卷答案就只有一个数字或者一句话，有的试卷不仅有详细的解题过程，还有解题思路分析。最好选择后者，这样方便做完题目之后，对照答案去反思和学习。

如果用"3+1"标准去挑选模拟试卷的时候还是遇到了困难，那就去问老师。

老师最了解各个阶段的学习要求，也熟悉各类试卷的情况，尤其是对每个学生的实际水平比较了解。所以，向老师寻求帮助，让老师推荐一套模拟试卷，这可能是最精准、最快速的方法。

第2步，安排时间。

安排时间时需要注意两点。

第一，什么时候进行模拟考试？

建议在考前一周左右进行模拟考试。

比如下周五考试，这个周末就可以根据实际的考试时长留出足够的时间，比如两小时或两个半小时。提前一周进行模拟考试有两个好处：其一，对于模拟考试中发现的问题、不会的知识点，还有一周左右的时间可以及时复习；其二，一周左右不至于太久，能够帮你适应考试，保持考试的"热身状态"。

第二，严格控制和遵守考试时间。

大考怎么安排，模拟考试的时候就怎么安排。大考要求提前半小时做好准备，那么模拟考试也一样。大考要求两小时完成答题，那么模拟考试就给自己两小时。

千万不要随便给自己"通融"。如果发现自己在模拟考试时没有规划好时间，那在真正的大考来临前，就需要及时调整考试时间规划。假如你在模拟考试时给自己"通融"了，很有可能在实际考试时，时间不够，容易考砸。所以要严格控制时间。如果自己监督自己有困难，可以让父母扮演监考员，帮助计时，完成模拟考试。

第3步，进入模拟考试状态。

进入模拟考试状态要做到两点：认真对待，营造环境。认真对待，是从内部来讲的；营造环境，是从外部来说的。

进入模拟考试状态需要认真对待。如果把模拟考试当成一次简单的做试卷练习，那就无法进入模拟考试状态。建议考试时怎么做，模拟考试时就怎么做，这样可以帮助自己更快进入"实战状态"。比如，考试的时候会穿校服，那就换上校服来进行模拟考试。这就是在暗示自己"该进入考试的状态了"。考试的时候是什么状态、穿什么、用什么，模拟考试的时候，尽量采用同样的标准。

营造环境主要注意 3 点。

第一，安静。可以找一个安静的时段，在自己的房间里进行模拟考试，如果外面比较吵，就关上门窗，安静考试。

第二，无打扰。把手机之类的电子设备都提前关掉，放在不能轻易拿到的地方。跟家里人提前说好，在模拟考试过程中请他们尽量不发出太大的声响。

第三，桌面整洁。真正考试时，考场的桌面都干净整洁，没有多余的东西，自己在家模拟考试的时候，也要把桌面收拾一下，不要让无关的东西分散注意力。

第 4 步，自我批改 + 分析反思。

这是在模拟考试之后真正能让自己进步的环节。这一步要是没有做，就像做了一桌子好吃的菜，结果一口都没吃一样。所以，这一步必不可少。

在自我批改的时候，一定不要对自己降低标准，可以按照老师平时的要求，不仅要看答案对不对，还要看答题规不规范，书写清不清晰。只有在模拟考试的时候做到高标准、严要求，在真正的考试中才能发挥好。

千万不要觉得平时可以不重视答题规范、不严谨思考，只要考试的时候做到就行了。其实，规范答题、严谨思考是在平时就要反复练习的，如果平时不练习，真正到了考场上，肯定会错漏百出。

模拟考试的一个作用就是让自己先发现问题、解决问题。所以，模拟考试以后，一定要分析反思，就像实际考完试之后一定要复盘一样。尤其是要对错题进行分析，总结自己的不足之处，及时改进提升，这样才能在实际考试之前准备得更加充分。这也是很多学习好的同学在模拟考试时考得并不理想，但正式考试时就能"超常发挥"的原因。

模拟考试的分析反思可以按照实际考试后复盘的标准去做，然后制订改进计划并在实际考试前严格执行。

## 04 考前秘诀 3：4 招应对考前焦虑

考前适度紧张是正常的，有时还能让我们对考试更加重视。但是，一旦紧张过度，到了焦虑的程度，导致没法集中注意力复习、没法好好吃饭和睡觉，甚至身体开始出现不舒服的感觉，就需要进行调节了。

有很多学习好的同学，他们在考前并不是不会紧张，而是他们知道如何调节。下面 4 招可以帮助大家调整好心态，应对考前焦虑。

### ▶ 第 1 招：忘掉结果，专注当下

美国有一位著名的高空钢丝行走表演者名叫瓦伦达，他每次走钢丝都不会去期待或者担心观众的鲜花和掌声，他会排除所有的杂念，把心思放在认真走好每一步上，所以每一次的表演都非常成功。但在一次重要的表演中，他却不幸意外失足身亡。事后，他的妻子说："我知道这次一定会出事。因为他在出事前就不断地说，'这次表演太重要了，不能失败'。"对

表演结果的担心影响了他的心态，最终导致悲剧发生。这个故事就是心理学上著名的"瓦伦达效应"。它告诉我们，在做一件事的时候，如果总是想着这件事带来的后果，就会导致患得患失，影响发挥。

实际上，考试也是一样的，当我们抛开杂念，不去想考试结果，而是专注于考试本身和复习，才能更好地完成考试。

如果我们在考试后给自己制定了下一次考试的目标，那么自然就会对下一次考试有所期待。但是，这些期待能凭空实现吗？不能。如果只有期待而没有行动，只有目标而没有计划，那过多的期待和目标反而会增加压力。

所以，要在有了期待和目标之后，立马把它们都转化成具体的计划和行动，知道需要做什么事，然后行动起来，专注于当下要做的事情，稳扎稳打地做好计划的每一件事，考试的时候稳定发挥就好，最后的结果就等到考完再去面对。

而且，考试的目的是检测对知识的掌握情况，重要的是通过考试发现知识漏洞，通过总结和反思及时补足改进，从而获得进步。无论是考了高分还是低分，被表扬还是被批评，都只是暂时的，而掌握的知识或者思维方式才是自己真正需要的东西。所以，平时考试的分数真的没有那么重要，要关注的是自己是不是真的学会了、掌握了，哪些知识还没有掌握，要怎么复习、练习。

如果对考试的结果感到紧张焦虑，可以马上去想当下要做的事情，并立马去做。当你专注于当下的事情时，你的大脑就没空想结果了。

### ❯ 第 2 招：用运动缓解压力

运动不仅能让人拥有更好的状态，也能让人更不容易感到焦虑、紧张，还能使人在焦虑、紧张的时候得到缓解。

有很多学习好的同学会在考前坚持做有氧运动，比如跑步、跳绳。周围的人觉得奇怪，都要考试了，还不抓紧时间复习？但其实在复习的过程中，当我们感受到焦虑、紧张或者其他负面情绪时，运动是一个很有效的能让我们放松下来的方法。运动会帮助调节神经系统，让大脑产生一种能让人感到轻松、愉悦的物质，同时能放松肌肉、减轻压力，这都有助于缓解焦虑、紧张。

备考期间，保持规律的运动很有必要。当然，备考时间可能很紧张，所以在运动上不需要花费很长的时间，只要保持规律运动，每天 1 次或 2 天 1 次，每次不少于 15 分钟，其实就会有效果。选择的运动类型最好是能让人出汗、心跳加快的，比如跳绳、跑步、打球等，这类运动缓解焦虑的效果更明显。

除了规律的运动也可以进行一些随机运动。感到焦虑的时候，立刻站起来动一动，也会有很好的效果。只要条件允许，不影响别人，那就试着站起来活动一下吧！

### ❯ 第 3 招：不要害怕，寻求帮助

当觉得自己调整不过来的时候，可以主动向其他人倾诉，无论是老师、父母还是同学，找一个愿意倾听的人就可以。很

多同学可能会觉得倾诉也解决不了问题，所以焦虑和紧张的时候就自己憋着。但其实倾诉本身就是一个缓解焦虑的过程。当你把自己心里担忧的事情都说出来的时候，你就不会再那么焦虑和紧张了。而且，关心你、爱你的人一定会理解你的情绪并想办法帮忙疏解。当然，如果学校有心理老师，你也可以在焦虑的时候找心理老师聊一聊。他们受过专业的训练，可以帮助你缓解压力，也能教你一些比较实用的缓解压力的方法。

## 〉 第 4 招：营造一个熟悉的环境

这里的环境不仅包括考场这种物理环境，也包括饮食习惯、作息习惯等心理环境。

如果把大脑想象成一个人，你会发现大脑喜欢已知的因素，也就是确定的、熟悉的、已经知道的东西，"已知"会让大脑感到安全。只有大脑觉得安全了，才有精力思考学习相关的事。如果有很多未知的因素，比如遇到很多不确定的、没见过的、不知道怎么做的事情，大脑会感到不安、警惕，这会放大焦虑。

所以，为了缓解备考期间的焦虑，就要照顾大脑的喜好，减少未知的因素，增添更多熟悉的、已知的因素。

具体做法如下。

第一，考前的饮食和作息要日常化。怎么吃、几点睡，这些都和平时保持一样就好。在考试前，有些同学会被格外关心，比如家人会购买补品来滋补一下；有些同学想要发奋努力，突

142

然开始熬夜。这些做法看似积极，但其实都会打破原有的生活规律，增加内心的焦虑感。所以，考前的饮食和作息要日常化，尽量平时什么样，考前也什么样，不建议考前有太大的改变。

第二，如果考场在不熟悉的地方，建议提前看考场，熟悉路线，做好安排。考试之前，把路线走一遍，了解基本的路况，包括出行方式、具体路线、要花多长时间、有没有堵车风险等，这样可以保证考试当天在时间安排上游刃有余，不着急、不耽误，做到心中有数。条件允许的话，还可以提前看看考场在哪栋楼的哪个教室，这样当天可以一路畅通地到达考场，你就会有一个稳定的、积极的心理状态，以便发挥出更高的水平。

另外，如果考场离家特别远，可以提前1~2天订个考场附近的酒店。其中的原理和之前一样，既然是新的考场、新的环境，那最好能给自己一点时间来适应，而不是让很多的不确定性因素都在考试当天出现。提前做好准备，大脑就会安心，人也就不会焦虑了。

## 05 考场秘诀 1：调整心态不紧张

考前做好了各种准备，到了考场上，依旧可能会出现各种各样的状况，这些都可能引发焦虑情绪。比如突然出现一道很难的题，或者一道题做了好久，却发现从一开始就审错了题，或者旁边同学翻阅试卷的声音屡屡响起，而自己的答题进度较慢……这些状况总是扰人心绪，轻则使人分心、难以专注，重则让人紧张焦虑，根本无法继续作答。

遇到这样的情况，有 3 招可以帮你轻松应对。

### ▶ 考试时学会给自己积极暗示

心理学研究表明，暗示对人的心理影响是巨大的，所以在平时考试时要学会多给自己一些积极的暗示，这有助于你更积极正面地看待和面对考试，比如经常给自己鼓励、打气，在心里默念"我能行！""加油！""我还有很大潜力没有发掘出来！"等。再比如觉得紧张不安、想保持镇定时，可以默念"冷静！""保持平常心！""没关系的，尽力就好！"等。这些话语看似简单，实际上是可以帮助增强自信的。除此之外，也可以设置自己独特的心理暗示话语，在面对考试或其他考验时，用自己的方式给自己加油打气。

有一点需要注意，心理暗示的话语中不要使用"不"字。比如"我不要紧张、我不能粗心"，这类话语不仅不会让人冷静下来，反而会让人更紧张，因为人的大脑是很难接收否定信息的。当用"不紧张""不粗心"这样的话语进行自我暗示时，实际上大脑接收到的信息是"紧张""粗心"，这样反而会加重这些情绪或状态。

有些同学发现自己并不是有意胡思乱想，只不过考试的时候就会不自觉地担心，不由自主地在大脑里设想各种"万一"。

这在心理学中被称为"侵入性思维"，是指大脑有时会不由自主地东想西想，根本停不下来，这样肯定会影响考试的状态。

人在这种情况下就非常容易感到焦虑，虽然设法让自己平静下来，但很快发现根本没用，这就是"侵入性思维"的讨厌之处。你越排斥它们，它们就越兴奋；你越是想要清除它们，它们就越会占据你整个大脑。所以，正确的做法是——不要急着去摆脱这些想法，而是给自己 20 秒的时间，告诉自己可以想20 秒，20 秒后再专心做题。

你在这 20 秒内只需要做一件事，那就是去感受。去感受这些千奇百怪的想法、感受当下纷乱的情绪，由着这些想法和情绪在大脑中乱窜，它想怎么想，你就跟着怎么想，它想窜去哪里，你就跟着窜去哪里，就像在大脑中看电影一样，只是感受，而不控制。20 秒后，你再告诉自己要把注意力转移到卷子上来。有了这 20 秒的"任性"想象后，你就比较容易将思绪拉回到考试上来了。

记住，不要和这些闯进你大脑的想法对着干。所谓"堵不如疏"，越不想让自己想这些东西，越会适得其反，不如给自己 20 秒的时间，给大脑 20 秒"胡闹"的时间，等它"闹"够了，自然就接受你的控制了。

### ❯ 361 呼吸法

在考场上，如果你感觉非常紧张，使用了积极暗示也很难调整自己的状态，那么这个时候就可以直接用深呼吸的方式让自己快速放松下来，下面分享 361 呼吸法。

　　首先，把注意力放在呼吸上，吸气的时候，用力地大口吸，持续约 3 秒，然后慢慢吐气，持续约 6 秒，这样反复深呼吸约 1 分钟，就会感到自己平静下来了。如果觉得考试时 1 分钟太长了，就深呼吸 30 秒，这样也能有很好的效果。记住，关键是吸气 3 秒、吐气 6 秒。

　　这种方式虽然很简单，但非常有用。人紧张的时候，会不自觉地让呼吸变短、变浅，有时甚至会屏住呼吸。比如看电影时，到了十分紧张的情节，大家就会不知不觉地加快呼吸，甚至会开始憋气，这样其实会让人更加紧张。

　　当人平静下来，有节奏地深呼吸时，就能够有效地放松下来，不再那么紧张。注意要尽量用腹式呼吸法。可以把一只手放在腹部，吸气的时候感觉腹部鼓出来，吐气的时候用腹部把空气挤出去。这样的呼吸方式能够帮助我们更好地控制节奏，做到深度呼吸。

## ❯ 55 握拳法

最后一招叫 55 握拳法。

同样地，在很紧张的时候，可以伸出一只手，用力握拳，持续握 5 秒，然后缓缓地松开拳头、伸直手指，直到完全把手掌打开。接着用同样的方式再做一次，这样重复 5 次，就会发现自己没那么紧张了。

人在精神紧张的时候，身体也会变得僵硬，表现为拳头握紧、肩膀紧绷、四肢僵硬等；而当身体放松下来时，精神也会渐渐地放松。所以用力紧握拳头的时候，精神会跟着紧绷起来，把拳头松开时，精神也会放松。

在使用 55 握拳法的过程中，还可以使用一个小暗示。紧握拳头时，想象手里攥着的就是"紧张"这个"东西"；而当把手放开时，想象"紧张"就像气球一样被放走了，慢慢离自己越来越远，人也就放松了。

## 考场秘诀 2：稳定发挥少失误

### ❯ 合理安排答题顺序

考试中最理想的情况是，每道题目都做得非常顺利，答完卷子后还有充足的检查时间，但现实情况经常不这么美好。经常有同学会因为没有分配好作答时间或者答题顺序不合理，而出现各类失误，最终在考试时发挥失常。

比如，有的同学看到自己很熟悉的题目时，容易先入为主地认为"这道题目容易，我肯定能做"，即便后面发现这道题目没有想象中那么简单，也会执着地想把这道题目做出来，结果在这道题目上耽误了很长时间，以至于最后都没时间做其他的题目。

有的同学喜欢"前松后紧"，在做前面的题目时慢悠悠地做，结果做后面的题目时心急如焚。

如何避免出现以上情况呢？答案是要合理安排答题顺序。

考试时不一定非得从头答到尾，可以根据自身情况找到适合自己的答题顺序，具体安排原则如下。

第一，先易后难。

先做简单的题、熟悉的题，再做综合题、难题。在考试中遇到"啃"不动的题目时，先果断跳过，把其他容易做的题目都做完后，再回来研究这道难题。

比如数学考试中，前面的题目往往会比较简单，越往后越难。数学考试题大多分成3部分：选择题、填空题、大题。通常3个部分都是前面的题比较简单，越往后越难。第一道选择题最简单，最后一道选择题最难，中间的难度适中。那就可以先做每种题型中简单的题目和中等难度的题目。难题如果不太会就先空着，等其他题目都做完了，有时间再回来"啃"这块"硬骨头"，以免被一道题目耽误太长时间。

从易到难，可以增强考试的信心。建议先做简单的题目，当发现不会做的题目其实也没有多少的时候，心里会比较有底，再回来做难题也会比较从容。判断一道题目是要先放过，还是要再思考的标准是，先思考两遍，如果思考了两遍还没有思路，就先放过。

第二，先小后大。

试卷中，小题一般信息量少、运算量也小，易于把握，所以不要轻易放过，尽量在做大题之前快速搞定，这样做有助于为解决大题赢得时间，缓解紧张的情绪。

比如，语文考试中，选择题、字词运用、诗词填写都是小题，阅读理解、写作都是大题，建议最后再做阅读理解和写作。

英语考试中，考词汇、句型和词组的就是小题，可以先做；

阅读理解和写作是大题,放在最后做。

第三,先局部后整体。

对一道难题确实"啃"不动时,一个明智的解题策略是:将它划分为多个子问题或一系列的步骤,先解决问题的一部分,能解决到什么程度就解决到什么程度,能演算几步就演算几步。比如数学考试中的应用题通常有好几问,就可以先做能做的,实在不会也可以先写个公式。

另外,在答语文、英语这种文科科目的简答题时,一定要把要点列成"1、2、3、4……"的形式,把观点分成几个段落来阐明,要答得条理清晰。

## ▶ 合理分配考试时间

要合理分配考试时间,需要牢牢记住一个原则和一个节奏。

一个原则:按分值分配时间。

一般来说,一道题目的难度和解题所需时间与这道题目的分值成正比,分值大的题目可以多花些时间,分值小的题目少花些时间,别在一道题上花太多超出其本身"价值"的时间。如果被一道题目卡住了,想不出来,要果断地往后做,千万不要因小失大。

一个节奏:形成自己的答题节奏。

因为每个人的情况不一样,擅长的科目不一样,甚至写字的速度也不一样,所以需要以一个原则为基础,形成自己的答题节奏。

比如，一般建议给写作留出 1 个小时的时间，如果你非常擅长写作，写得很快，那就可以适当少留一些时间，留出 50 分钟也可以。这个节奏需要自己在一次又一次的考试中通过不断摸索和总结来确定。一旦形成适合自己的考试节奏，考试时就会相对轻松、有把握一些。

只要掌握好答题顺序、合理分配考试时间，就能避免因为根本来不及答题而造成失误。

## ❯ 考场上的其他注意事项

最后强调 3 个注意事项。

第一，考试中要重视基础题目。

考试时，要把重点放在基础题目上。通常一张试卷里，简单题目和中等难度的题目占 80% 以上，这些是试卷的基础题目，所以要重点把握这些题目，保证把基础分都拿到，而对剩余的接近 20% 的难题尽力而为即可。用这样的心态来对待考试，会更容易沉着应战。

第二，卷面要整洁，答题要规范。

答卷时，字不一定要很好看，但一定要整齐、清楚，让别人能一眼看出答题内容是什么，不至于看不懂。如果写得很凌乱，别人甚至无法辨认，就不用谈是否正确了，所以字一定要写得清楚易懂。

第三，要严谨认真，学会检查。

检查对考试来说是非常重要的一步。大多数同学很难一次性完全做对，这就需要通过检查来找到可能做错的题目。检查可以分 3 步进行。

第 1 步，看看有无漏做的题目。先把试卷从头到尾浏览一遍，如果发现有漏做的题目，要及时迅速完成。

第 2 步，重点检查心存疑虑的题目。有些题目如果不是很有把握，最好再认真阅读题目、重新思考，从头再做一遍，如果还是没有把握就写第一次得出的答案。

第 3 步，检查常见的错误。认真阅读简答题的答案和作文，看看有没有语句不通顺的地方，改正错字和病句。对于数学计算题，要看看计算公式、单位、小数点等有没有写错；如果有时间，最好重新演算一遍，甚至用不同方法求解，看看结果是否一致。

# 07

## 有效反馈是个宝，考后复盘不可少

### ❯ 考试是检验知识掌握程度的工具

　　每一次考试过后都会收获成功的经验与失败的教训，同学们千万不要把考试当作一种变相的惩罚，也不要把获得好的考试结果当作最终目标。考试只是检验知识掌握程度、让学习更扎实深入的工具而已。一次考试就相当于学习旅途中的一个目的地，是学习中的一个阶段性目标，它告诉我们这一阶段需要掌握什么样的知识，掌握到什么程度，朝着哪个方向努力。用这样的心态去看待各类考试时，同学们就会更有动力去学习、思考、复习、沉淀、提升，最终达成一个个目标，一直进步。

　　作为一种提升学习能力的工具，考试的作用贯穿于整个考试过程。作用1：考试前，它推动着复习巩固和系统梳理。作用2：考试中，它检验了我们对知识的掌握程度，明确了一个阶段的学习成果。作用3：考后复盘作为一种反馈方式，既暴露了问题，也显示了进步。为此，我们需要进行考后复盘。不复盘，考试就变成了形式，我们就只看到了分数的上升与下降，不知道哪里做得好该继续做，哪里有问题要调整，想进步无从下手，想努力不知道方向。而考后复盘是一个非常有效的反馈方式，我们通过考后复盘能够获取大量学习信息，这些学习信息就是进步的"密码"。

学习"高手"和普通同学之间的差距，往往就是在考后复盘这个环节拉开的。

## ❯ 利用考后复盘卡

考后复盘应该怎么做呢？可以利用考后复盘卡，如下表所示。

| 考后复盘卡 | | | | | |
|---|---|---|---|---|---|
| 考试科目： | | 考试时间： | | 考试类型： | |
| 试卷分析 | 题号 | 题型 | 知识点 | 分析 | 改进计划 |
| | | | | | |
| | | | | | |
| | | | | | |
| | | | | | |
| | | | | | |
| | | | | | |
| 整体复盘 | 成功经验：<br><br>反思改进： | | | | |

考后复盘卡分成了 3 部分：第 1 部分是基本信息，包含考试科目、考试时间和考试类型；第 2 部分是试卷分析；第 3 部分是整体复盘。

做考后复盘前，我们先填好第 1 部分的基本信息。比如这次复盘的是 1 月 20 日的数学期末考试，那就把"数学、1 月 20 日、期末考试"填上，如下表所示。

| 考后复盘卡 | | | | | |
|---|---|---|---|---|---|
| 考试科目：数学 考试时间：1 月 20 日 考试类型：期末考试 | | | | | |
| | 题号 | 题型 | 知识点 | 分析 | 改进计划 |
| 试卷分析 | | | | | |
| | | | | | |
| | | | | | |
| | | | | | |
| | | | | | |
| | | | | | |
| 整体复盘 | 成功经验： | | | | |
| | 反思改进： | | | | |

接下来就是考后复盘的两大环节了，试卷分析和整体复盘。

考后复盘的第 1 个环节是试卷分析，这是考后复盘最重要的环节。

试卷分析并不是简单地看分数或看等级，更重要的是看题目、题目背后的知识点以及答题思路与过程，找到这些题目所对应的具体的问题点。而这些问题点其实都隐藏在试卷中，需要通过更细致的分析找到它们，这样我们才能明白怎么改进。一旦知道了改进的方式，只需要做好计划并坚持执行，自然就会有进步。

怎么做好试卷分析呢？具体分3步。

第1步，分析错题，明确知识点和错因。

这一步要先从错题出发，仔细查看试卷上的每道错题，明确这些题考查的是什么知识点，做错的原因是知识点掌握有漏洞，还是练习不够熟练，或者做题的时候粗心了。把错题涉及的知识点和错因分析清楚了，问题点就更加具体了，下一步我们才能找到合适的改进办法。

在分析错题的过程中，可以在考后复盘卡中进行记录。

先写上错题的题号和题型，比如这道题目是第一题填空题的第9个小题，就在题号的部分记下"一，9"，在题型部分写"填空"。接着列出题目考查的知识点。比如这道题目考查的是圆的面积计算，那就把"圆的面积"写上，如下表所示。如果不太确定题目考查的知识点，那就要在老师讲解的时候格外用心听或者单独向老师请教。

这里要特别注意的是，蒙对的、不确定的题目也要按错题来处理。

| 考后复盘卡 | | | | | |
|---|---|---|---|---|---|
| 考试科目：数学 | | 考试时间：1月20日 | | 考试类型：期末考试 | |
| | 题号 | 题型 | 知识点 | 分析 | 改进计划 |
| 试卷分析 | 一，9 | 填空 | 圆的面积 | | |
| | | | | | |
| | | | | | |
| 试卷分析 | | | | | |
| | | | | | |
| | | | | | |
| 整体复盘 | 成功经验： | | | | |
| | 反思改进： | | | | |
| | | | | | |

分析完试卷中的所有错题（包括那些蒙对的、不确定的题目）涉及的知识点和错因，并把它们记录在考后复盘卡上，试卷分析的第1步就完成了，如下表所示。

## 考后复盘卡

考试科目：数学　　考试时间：1月20日　　考试类型：期末考试

| | 题号 | 题型 | 知识点 | 分析 | 改进计划 |
|---|---|---|---|---|---|
| 试卷分析 | 一，9 | 填空 | 圆的面积 | | |
| | 一，12 | 填空 | 比，百分比 | | |
| | 二，3 | 选择 | 比，百分比 | | |
| | 三，2 | 计算 | 一元一次方程，比 | | |
| | 五，2 | 应用 | 圆，长方形与圆的关系 | | |
| | 五，4 | 应用 | 比 | | |
| 整体复盘 | 成功经验：<br><br>反思改进： | | | | |

第2步，分析知识点。

这一步要从知识点出发，分析哪些知识点没掌握好，让反馈更具体一些，比如是某个知识点的细节没记牢，还是基础概念搞混了，或者应用的部分不太熟练、算错了？这样能让改进计划更清晰。

对知识点的分析可以分为总体和细节2个方面。

先总体查看有哪几个知识点出错了。明确这几个知识点掌握得不够牢固，之后需要复习巩固。尤其是对于错得比较频繁

159

的知识点，更是要重点复习，最好先回归课本，把基础概念理清楚、学明白，再去重新做题。

接着从细节入手，结合题目和题型，具体分析考查的是这些知识点的哪一方面，比如，是基础知识的记忆，还是知识点之间的联系，或者是知识点在实际情况中的应用？只有知道这些，之后才能更精准地提升。

有时同学们会遇到这样的情况：明明好几道题目都在考查同一个知识点，但有的题目做对了，有的题目却做错了。这是为什么呢？

因为就算是同一个知识点，不同题目、不同题型考查的具体内容往往不太一样，深度、广度也不同。有的题目可能考查细节或单个知识点，有的则考查综合应用方式。

举个例子，一张数学卷子上的两道题目都是考查"圆的面积"这个知识点，判断题是"半圆的面积就是圆的一半？"，这里考查的是基础概念。后面的应用题考查的是"怎么用计算圆的面积的方法解决生活中的问题？"，同时还结合了另一个知识点——"长方形和圆的关系"，这就是考查综合应用方式。如果你判断题做对了，应用题错了，就说明基础概念掌握得还不错，但是对"圆的面积"这一知识点的本质与核心的理解还不够深入，对它的应用不够灵活，对"长方形和圆的关系"这一知识点也掌握得不够。

对于知识点的分析可以列在考后复盘卡的"分析"一栏，比如对比几道考查"圆"的题目的分析就可以列在这里。所有分析如下表所示。

## 考后复盘卡

**考试科目：数学**　　**考试时间：1月20日**　　**考试类型：期末考试**

| | 题号 | 题型 | 知识点 | 分析 | 改进计划 |
|---|---|---|---|---|---|
| 试卷分析 | 一，9 | 填空 | 圆的面积 | 1. 圆的基础题做对了，需要计算面积的应用题做错了，对于圆和长方形的关系不清楚 2. 比的基础概念判断对了，计算的时候做错了，比和百分比放一起会混淆 3. 方程计算因为粗心做错行了 | |
| | 一，12 | 填空 | 比，百分比 | | |
| | 二，3 | 选择 | 比，百分比 | | |
| | 三，2 | 计算 | 一元一次方程，比 | | |
| | 五，2 | 应用 | 圆的角度，长方形与圆的关系 | | |
| | 五，4 | 应用 | 比 | | |
| 整体复盘 | 成功经验： 反思改进： | | | | |

完成了错题与知识点的分析，就找到了具体问题点，接下来就是第3步，制订改进计划。

要想获得进步，就不能停留在发现问题这一环节，而要通过行动去解决问题。这就是考后复盘卡中"改进计划"一栏的作用。

关于"改进计划"，有 3 个注意事项。

第一，要把知识点的基础部分理清。尤其是对于错得比较频繁的知识点，要回归课本，理解基础概念，结合思维导图把关键内容和知识点间的联系都理清。

第二，错题要反复做。把知识点的基础概念理清后，对于错题一定要反复做，最好把错题记录在错题本里，反复练习，直到能熟练地做对。

第三，最好设定一个具体的时间点，比如一周内把试卷上的错题涉及的知识点弄清楚，把错题都消化了。

比如，前面找到的"圆的面积"这个知识点的问题，是对知识点的本质与核心的理解不深入，对它的应用不够灵活，而且对"圆和长方形的关系"这个知识点也掌握得不够。那就在考后复盘卡的"改进计划"一栏写上本周复习圆的面积、圆和长方形关系的相关基础知识，画 1 张思维导图，并反复做这几道错题，本周内将其消化。整理后的所有改进计划如下表所示。

## 考后复盘卡

考试科目：数学　　考试时间：1 月 20 日　　考试类型：期末考试

| | 题号 | 题型 | 知识点 | 分析 | 改进计划 |
|---|---|---|---|---|---|
| 试卷分析 | 一，9 | 填空 | 圆的面积 | 1. 圆的基础题做对了，需要计算面积的应用题做错了，对于圆和长方形的关系不清楚<br>2. 比的基础概念判断对了，计算的时候做错了，比和百分比放一起会混淆<br>3. 方程计算因为粗心做错行了 | 1. 时间：本周<br>2. 利用课本和笔记复习圆的面积、圆和长方形的关系、比、百分比，对"圆和长方形""比和百分比"的知识点画 2 张思维导图<br>3. 反复做这 6 道错题，本周内将其消化 |
| | 一，12 | 填空 | 比，百分比 | | |
| | 二，3 | 选择 | 比，百分比 | | |
| | 三，2 | 计算 | 一元一次方程，比 | | |
| | 五，2 | 应用 | 圆，长方形与圆的关系 | | |
| | 五，4 | 应用 | 比 | | |
| 整体复盘 | 成功经验：<br><br>反思改进： | | | | |

到这里考后复盘的第 1 个环节——试卷分析就完成了。

163

以下是考后复盘的第 2 个环节——整体复盘。

试卷分析是考后复盘的关键，但在学习中，自己的行动和感受也很重要。所以，除了试卷分析外，还需要进行整体复盘，如下表所示。

| 考后复盘卡 | | | | | |
|---|---|---|---|---|---|
| 考试科目：数学 | | | 考试时间：1 月 20 日 | | 考试类型：期末考试 |
| | 题号 | 题型 | 知识点 | 分析 | 改进计划 |
| 试卷分析 | 一，9 | 填空 | 圆的面积 | 1. 圆的基础题做对了，需要计算面积的应用题做错了，对于圆和长方形的关系不清楚 2. 比的基础概念判断对了，计算的时候做错了，比和百分比放一起会混淆 3. 方程计算因为粗心做错行了 | 1. 时间：本周 2. 利用课本和笔记复习圆的面积、圆和长方形的关系、比、百分比，对"圆和长方形""比和百分比"的知识点画 2 张思维导图 3. 反复做这 6 道错题，本周内将其消化 |
| | 一，12 | 填空 | 比，百分比 | | |
| | 二，3 | 选择 | 比，百分比 | | |
| | 三，2 | 计算 | 一元一次方程，比 | | |
| | 五，2 | 应用 | 圆，长方形与圆的关系 | | |
| | 五，4 | 应用 | 比 | | |

| | 考后复盘卡 |
|---|---|
| 整体复盘 | 成功经验：<br>早早做了复习计划，基本按计划完成了复习，反复练习过的题目考试时一下就做出来了；<br>下次也要早做复习计划，按计划完成复习。<br>反思改进：<br>因为前一天没睡好，导致这次考试刚开始时一直在犯困。下次要调整好作息，更好地发挥。 |

你可以回顾一下这次考试：复习计划的完成情况怎么样？考试前的准备都做好了吗？考前和考试的状态怎么样？心态调整得如何？做好这些方面的复盘，对之后的学习也是很重要的。想想哪些地方做得好，以后继续保持；哪些地方有问题，及时调整。

可以把它们记录在考后复盘卡的"整体复盘"这一栏，提醒自己在下一次复习和考试时做得更好。比如，这次早早地做了复习计划，基本按计划完成了复习，反复练习过的题目考试时一下就做出来了。这就是一个成功经验，把它记录下来，下次也要早做复习计划，按计划完成复习。

"反思改进"这部分呢？比如因为前一天没睡好，导致这次考试刚开始时一直在犯困。把这些也记下来，提醒自己下次要调整好作息，更好地发挥。

这样，一次完整的考后复盘就完成了。

# 第 6 章

# 时间管理篇

## 做自己时间的主人

## 01

### 每天学习任务多，要如何安排时间？

#### ➤ 做好时间规划，可以学好玩好

阅读到这里，你已经掌握了关于预习、听课、写作业、复习、考试相关的方法和内容。有的同学可能会有疑问，如果学习有这么多环节、这么多要做的事情，该如何安排时间呢？是不是每天除了学习什么也干不了了？

一定不是。只要能把时间安排好，你完全能够兼顾学习、休息和娱乐。

很多时候，同学们觉得时间不够用，并不是因为事情真的多，而是由于没有合理安排时间，结果导致好像一天没做几件事，时间却溜走了。我们的时间就像下图中的盒子，当你没有规划、随便安排时，一个盒子都放不下 6 块积木。

但是如果像下图这样，经过合理规划与安置，这时候你会发现盒子不仅可以轻松放下 6 块积木，还多出了大块空间。

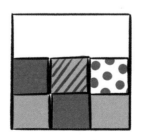

可见，如果规划好时间，同学们不仅会有足够的时间学习，连玩的时间也会增加。

## ❯ 时间管理的关键 3 点

时间管理其实并不难，只要把握以下 3 点就够了。

第一，知道自己有哪些事要做，也就是"找事情"。

第二，知道自己有哪些时间可以去做这些事，然后安排好时间，简单来说就是"定时间"。

第三，按照自己列的计划去做就可以了，也就是"动身做"。

所以，时间管理就是"找事情""定时间"和"动身做"。具体怎么操作呢？

第一，"找事情"。

拿出纸笔，把要完成的学习任务以及运动、娱乐等各类事项都列在一张清单上。

举个例子，假设你是一名初二的学生，今天是周六，你想把今天的时间规划好，第一步就是列举今天要做哪些事，如下表所示。

| 今日任务清单 | | | |
|---|---|---|---|
| 优先 | 任务 | 重要 | 紧急 |
| | 上画画课外班 | | |
| | 做数学练习册第 36~39 页 | | |

| 今日任务清单 | | |
|---|---|---|
| 做数学第 3 章单元复习 | | |
| 做数学第 4 章章节大预习 | | |
| 做 1 张英语单元试卷 | | |
| 复习英语前 3 个单元的 72 个单词 | | |
| 和朋友打羽毛球 | | |
| 看动漫 | | |
| 取快递 | | |

学习方面，上午有一个画画课外班；数学作业是做练习册第36~39页；这周数学刚学完第 3 章，所以需要做第 3 章的单元复习和第 4 章的章节大预习；除此之外，英语作业有 1 张单元卷子，需要复习前 3 个单元的 72 个单词。这是今天打算完成的学习任务。

其他的事情还有和朋友打羽毛球、看动漫、取快递。

这样，一天要做的所有事情都列在了一张清单上。

本书第 3 章讲到写作业前要列任务清单，把当晚要写的作业都列出来，然后排优先级，最后安排时间，其实这就是时间管理在写作业中的一种应用。

列完一天要做的事情后，同样要给这些事情排个优先级，建议根据事情的重要程度和紧急程度来排序。

首先是重要程度。重要的就是那些影响很大、必须要做的事情；相对的，做不做都影响不大的就是不太重要的事。

171

比如画画是自己喜欢、想要长期精进的一项特长，如果不去上课，不仅会落下进度，还可能会半途而废。所以上画画课外班就算是重要的事，在"重要"对应的格子里打个钩。

做数学作业和英语作业也是重要的事情。

打羽毛球是跟朋友约好的，不能爽约，也是重要的。

而动漫，虽然看了能让人快乐，但不看其实影响也不大，就不算重要的事，"重要"对应的格子可以空着。取快递相当于需要完成的事，但是购买的东西并不贵重，也不着急用，所以取快递也不是很重要，"重要"对应的格子也空着。最终的重要程度划分结果如下表所示。

| 今日任务清单 | | | |
|---|---|---|---|
| 优先 | 任务 | 重要 | 紧急 |
| | 上画画课外班 | √ | |
| | 做数学练习册第 36~39 页 | √ | |
| | 做数学第 3 章单元复习 | √ | |
| | 做数学第 4 章章节大预习 | √ | |
| | 做 1 张英语单元试卷 | √ | |
| | 复习英语前 3 个单元的 72 个单词 | √ | |
| | 和朋友打羽毛球 | √ | |
| | 看动漫 | | |
| | 取快递 | | |

其次是紧急程度。紧急的事情需要尽快完成、今天之内完成；如果是明天做也行、下周做也行，或者没有具体时间限制的事，那就是不紧急的事。

回到上面这个例子，画画课外班是必须在今天上午去的，就是紧急的；数学作业和英语作业是必须在今天做完的，所以也是紧急的。这些都是紧急的事情，就在"紧急"对应的格子里打个钩。关于取快递，不取就要多花1元的超时费，所以也算是有点着急的事。而和朋友打羽毛球，因为和朋友关系好，就住朋友对门，所以打球的时间可以随时调整，明天打也行，那就是不紧急的事情。看动漫也不是什么急事。对于不紧急的事，"紧急"对应的格子就都空着。

| 今日任务清单 | | | |
|---|---|---|---|
| 优先 | 任务 | 重要 | 紧急 |
| | 上画画课外班 | √ | √ |
| | 做数学练习册第 36~39 页 | √ | √ |
| | 做数学第 3 章单元复习 | √ | |
| | 做数学第 4 章章节大预习 | √ | |
| | 做 1 张英语单元试卷 | √ | √ |
| | 复习英语前 3 个单元的 72 个单词 | √ | √ |
| | 和朋友打羽毛球 | √ | |
| | 看动漫 | | |
| | 取快递 | | √ |

这样分析之后，给每个任务都标注了它们的重要和紧急程度，就会发现所有的事情可以归为 4 类，重要且紧急类，比如上画画课外班和写数学作业、英语作业；重要但不紧急类，比如打羽毛球；紧急但不重要类，比如取快递；以及不重要且不紧急类，比如看动漫。

重要且紧急的事情，是最优先、保证要做的，不论后面发生了什么意外，都要尽量保证完成重要且紧急的事情。所以在前面的例子中，上画画课外班和写数学作业、英语作业是周六当天一定要完成的。

重要但不紧急的事情，时间够的话就要完成，时间不够的话可以选择推迟，比如打羽毛球，如果突然出现其他的急事占用了时间，可以选择推迟到周日，以保证今天的事情按时完成。

还有紧急但不重要的事情，可以视情况而定，如果能很快完成就去做；如果不能很快完成，也可以先不做。比如取快递，如果能顺道就取了，那就可以做；但如果取快递的地方很远，要花很长时间，而今天时间不够，那就之后再说。

对于不重要且不紧急的事情，也要看情况，如果时间实在紧张，可以放弃，把时间让给必须要做的事。比如，如果写作业用的时间比计划的长，按原计划做不完了，就可以先不看动漫，把时间让给写作业。

这么一分析，你就知道了，最优先的是去上画画课外班、写作业等，在"优先"对应的格子里写个 1；次优先是复习、打羽毛球和取快递等，写个 2；最后是看动漫，写个 3。理清了这个顺序后，你在制订计划的时候，就知道该优先做哪些事，意外打乱了计划后，要优先保证哪些事、可以推后哪些事了。

| 今日任务清单 | | | |
|---|---|---|---|
| 优先 | 任务 | 重要 | 紧急 |
| 1 | 上画画课外班 | √ | √ |
| 1 | 做数学练习册第 36~39 页 | √ | √ |
| 2 | 做数学第 3 章单元复习 | √ | √ |
| 1 | 做数学第 4 章章节大预习 | √ | √ |
| 1 | 做 1 张英语单元试卷 | √ | √ |
| 2 | 复习英语前 3 个单元的 72 个单词 | √ | √ |
| 2 | 和朋友打羽毛球 | √ | |
| 3 | 看动漫 | | |
| 2 | 取快递 | | √ |

这里提醒两点。

首先，事情的重要程度和紧急程度都是相对而言的，并不是说某件事就一定是第一优先级或某件事就一定不是第一优先级。比如在刚才列的清单中，将做数学作业列为重要且紧急的事情，是因为下定决心一定要在今天把数学作业做完，而且明天确实没那么多时间。但如果这周作业少，只有数学作业和英语作业，而且你下的决心是在周日前把数学作业做完，那么做数学作业就不是那么紧急的事了。或者取快递这件事，因为里面是文具，所以不是很重要，但如果里面是价值 8000 多元的计算机，很贵重，那肯定是早拿到早安心，万一丢了或者被弄坏了怎么办？那这个时候，取快递这件事就更加重要且紧急了。

其次，别忘了重要但不紧急的事情。很多时候我们更想快点完成紧急的事情，却忽略了重要但不紧急的事情，比如数学第 3 章的单元复习、英语前 3 个单元 72 个单词的复习，这些事情看起来不那么紧急，容易被忽略，影响却很大。所以，在安排的时候，不要把它们忘了，重要但不紧急的事情的优先级还是挺高的。

第二，"定时间"。

首先确认一下，有哪些时间是可以自由安排的，因为一天中我们有很多时间是已经安排好的，不能自由支配的。我们可以先把吃饭、睡觉、上课等这些已经确定的事情标出来，标上几点开始、几点结束，那么剩下的时间就是可供我们自由支配的时间，如下表所示。

| 可用时间安排表 | | | |
|---|---|---|---|
| 时间段（有固定安排的时间） | 固定任务（如起床、吃饭、上课……） | 可用时间 | 安排任务（考虑优先级和高效、低效时间） |
| 早上 7:00—8:00 | 起床、洗漱、吃早饭、运动 | 早上 8:00—9:30（1.5 小时） | 早上 8:00—8:30 背单词 72 个 早上 8:30—9:30 做数学练习册第 36~39 页 |

| 可用时间安排表 | | | |
|---|---|---|---|
| 早上 10:00—12:00 | 上画画课外班 | 早上 9:30—10:00（30分钟） | 早上 9:30—10:00 复习单词 36 个 |
| 中午 12:30—下午 1:00 | 吃午饭 | 中午 12:00—12:30（30分钟） | 中午 12:00—12:30 复习单词 36 个 |
| 下午 1:00—2:00 | 午睡 | 下午 2:00—晚上 7:00（5小时） | 下午 2:00—3:00 数学第 3 章单元复习 下午 3:00—4:00 数学第 4 章章节大预习 下午 4:00—5:30 打羽毛球 |
| 晚上 7:00—7:30 | 吃晚饭 | 晚上 7:30—9:30（2小时） | 晚上 7:30—8:00 看动漫 晚上 8:00—9:30 做英语试卷 |
| 晚上 9:30—次日早上 7:00 | 洗漱、睡觉 | — | — |

比如，在周六早上 7:00 起床，然后悠闲地洗漱、吃早饭、运动，一直到 8:00；10:00 到画画课外班上课，一直上到 12:00，路程大概要 30 分钟，9:30 就要出发；上完课后，12:30 回家吃饭，吃到下午 1:00；吃完饭后睡个午觉，睡到下午 2:00；

晚饭的时间是晚上 7:00，吃完是 7:30；晚上 10:00 睡觉，9:30 开始洗漱、做睡觉的准备。

把必须要做的事和时间都填在表格最左边的 2 列，就知道自己哪些时间空着，并可以自由支配了。

自由支配的时间是早上 8:00—9:30 的 1.5 小时，是去课外班前后的 30 分钟；下午 2:00—晚上 7:00 的 5 小时；晚上 7:30—9:30 的 2 小时，这些时间都需要填在可用时间这一列。前面清单里列的写作业、打羽毛球等活动就可以安排在这些时间里了。

不要认为只有那种整块、连贯的时间才是可支配、可利用的时间，30 分钟以内的、短的、碎片化的时间也是可支配、可利用的，比如去上课和下课回家路上的时间，这种容易被打断的比较短的时间叫碎片时间。

我们每天都有很多这样的碎片时间，如果能把这些碎片时间利用起来，那么一天就可能会有 1~2 小时的时间可以用来完成背单词、背诗词、阅读、看错题等可以随时开始、随时结束、不怕被打断的学习任务。

与碎片时间相对的就是整块时间，就是那些在 30 分钟以上而且不容易被打断的较长时间，比如去课外班之前的一个半小时，午睡后的 5 小时，以及晚饭后到洗漱前的 2 小时，都是整块时间。整块时间特别适合用于完成需要长时间专注思考的任务，比如做数学作业、做英语试卷、写作文等。

首先是早上 8:00—9:30 这段时间，先花 30 分钟背 72 个英语单词，后面 1 小时用来做数学作业。

上课、下课路上是坐公交车往返的，大概有 30 分钟，都是碎片时间，可以用来复习背过的英语单词。可以安排去的路上复习一半，回来的路上复习另一半，这样到中午吃饭前，英语复习 72 个单词的任务就完成了。

下午和晚上的整块时间可以安排数学单元复习、章节大预习、做英语试卷、打羽毛球和看动漫。

在安排任务的时候，还有两个因素要考虑，那就是高效时间和低效时间。高效时间是自己状态好、头脑很清醒、容易专注、做事情又快又好的时间；而那些反应有些慢、感觉比较累、不太能专注思考的时间就是低效时间，适合用于做一些不太需要思考的任务。

比如对你来说，早上 8:00—9:30、下午 2:00—4:00，这两个时间段刚睡醒，是状态特别好的时候，以及晚上 8:00—9:30 是吃完晚饭、学了一会儿后，状态最好的时候。这种高效时间最适合用于完成那些需要认真思考的任务，所以可以安排在早上 8:00—9:30 背单词和做数学作业，下午 2:00—4:00 进行数学单元复习和章节大预习，然后在晚上 8:00—9:30 做英语试卷。

而下午 4:00 之后的时间，因为之前已经学了 2 小时了，这个时候大脑会比较疲惫，效率较低，适合休息和运动，所以正好可以约朋友去打羽毛球，打一个半小时，差不多身体也累了。晚上 7:30—8:00 也是效率相对较低的时间，因为刚吃完晚饭，还在消化，大脑这时候还有点迷糊，所以可以选择在 7:30—8:00 这个时间段看看动漫。

这样规划之后，发现除了下午 5:30—7:30 的时间没有规划好，其他时间就都安排好了。这 2 个小时可以作为机动时间，随便做点什么都可以。可以选择去取快递，也可以选择看看动漫，如果觉得状态还不错的话，还可以把晚上的学习任务提前安排在这个时间来做，这样晚上就能更轻松一点。

所谓的高效时间和低效时间，是根据自己的具体情况评估的，有些同学就觉得晚上特别清醒，做事专注还有灵感，但是下午特别迷糊，那么晚上就是他们的高效时间，下午就是他们的低效时间。但有些同学是反过来的，一到晚上就无法保持专注，下午却活力满满、很有精力，那对他们来说，下午就是高效时间，晚上就是低效时间。所以，你的高效时间是什么时候，这需要问一下你自己："在什么时候我特别能保持专注？"

经过前面的分析和安排，一天的计划就做好了，剩下的按照计划执行就好了。

第三，"动身做"。

很多同学很会做计划，但问题是做了计划却难以执行。

所以切记，不要把计划定得太完美，在做计划的时候不要怕浪费一分一秒，而要给自己"留有余地"。

比如，计划中，下午 2:00—4:00 这 2 小时，安排了数学复习和预习，但实际上可能 1 小时 40 分钟就做完了，相比之下，时间就多出了 20 分钟，这 20 分钟可以用来休息会儿，或者和爸妈说说话，也可以自己进行调整。如果计划安排得太满，那么在执行的时候会很有压力，一旦前面一个计划没有按时完成，后面的计划都会被打乱。这就让人在执行时很受挫，觉得列计划没用。实际上，不追求完美的计划，接纳意外和不完美，反而更容易完成计划。

# 学习小能手一天的学习计划（示例）

我们在前面学习了时间管理的方法，有了方法当然要用起来了。下面的内容是一位学习小能手使用这种方法制订的一天的学习计划，同学们也可以根据自己的情况，制订和执行专属于自己的学习计划。

现在是周六晚上睡觉前。我们要在每天睡觉前做好第二天的计划，所以下面是一份周日的全天计划表。

| 每日计划表 | | | |
|---|---|---|---|
| 时间 | 安排任务 | 时间 | 安排任务 |
| 早上 7:00—7:20 | 起床、洗漱 | 下午 2:00—2:25 | 背本周古文 1 篇 |
| 早上 7:20—7:50 | 跑步、吃早餐 | 下午 2:30—3:00 | 做语文练习册第 57~59 页 |
| 早上 8:15—8:40 | 整理英语听力笔记 | 下午 3:10—3:30 | 做数学第 2 单元测试复盘 |
| 早上 8:45—10:00 | 做数学练习册第 40~43 页 | 下午 3:30—4:00 | 拿快递、自由活动 |

| 每日计划表 | | | |
|---|---|---|---|
| 早上 10:10—10:40 | 做英语的 2 道阅读题和 2 道翻译题 | 下午 4:00—6:00 | 和朋友打球 |
| 早上 11:00—12:00 | 上视频剪辑网课 | 下午 6:00—晚上 8:00 | 准备晚饭、吃晚饭、散步 |
| 中午 12:00—12:30 | 吃午饭 | 晚上 8:00—8:30 | 做数学第 3 单元章节大预习 |
| 下午 12:30—2:00 | 午休 | 晚上 8:40—9:00 | 复习整理历史第 4 单元的思维导图 |

早上 7 点，起床。起床后把窗帘拉开，然后马上去洗漱。

这里分享一个起床小技巧，那就是听到闹钟之后立刻起来把窗帘拉开，或者在晚上睡觉的时候，不把窗帘拉严实，因为阳光会让人难以赖床。

早上 7:20，洗漱完了，喝杯水，准备出门跑步。早上跑步不仅能锻炼身体，还能让大脑更加清醒，让学习的效率更高。但跑步要注意适度，不要太激烈！

早上 7:50，跑完后回来稍稍休息一下，吃早餐。一边吃早餐，一边听英语新闻或者英语电影、讲座等材料来锻炼听力，增强英语语感。

早上 8:15，吃完早餐收拾干净，准备正式开始今天的学习。

为了让自己学习的时候能更加专注，先花 3 分钟把桌面收拾干净，然后看一眼计划表，把需要的东西都准备好。用这样的方式来告诉自己：要开启一天的学习了！

计划表里，今天的第一项学习任务是整理英语听力笔记，预计时间是在 8:15—8:40。因为整理英语听力笔记是比较简单的任务，能让人比较轻松地进入学习状态，所以作为第一项任务。用一项相对简单的任务开启一天的学习，更容易完成，也更容易带来成就感，让人更有信心去完成后面的任务。

早上 8:35 完成了英语听力笔记的整理，比原计划早了 5 分钟。

下一项任务原定是 8:45—10:00 完成自己买的数学练习册第 40~43 页，但感觉状态不错，所以休息 5 分钟到 8:40 后，就开始做数学练习册，比原计划提前了 5 分钟。

在做数学练习册的时候，发现这一章的练习题有些难，所以实际把它拆成了两项小任务，做第 40~41 这两页为一项，做第 42~43 这两页为一项。

9:20 做完了第 40 页和第 41 页后，脑袋有些疼，所以打算休息 10 分钟，站在窗边吹了一会儿风，活动了下身体。9:30 回来接着做第 42 页和第 43 页，最后 10:20 做完了数学作业，比计划晚了 20 分钟。

把数学作业拆分成两项小任务来完成。（这就是在作业部分提到的，遇到难题或者较多的内容时，要将大任务拆分成小任务。）如果以后你遇到难题或者量很大的作业，也可以把它拆成两三项小任务来做。

终于把数学作业写完了，感觉写数学作业杀死了大量脑细胞，但是把这些难题都做完了特别有成就感，整个人都很兴奋，这是一种非常好的学习状态。

原来的计划是 10:10—10:40 做英语的 2 道阅读题和 2 道翻译题，现在时间比原计划的晚了，想趁着状态好的时候继续学习，所以选择不休息，直接开始写英语作业。

因为状态很好，所以 10:45 就把英语作业给做完了，只比原计划晚了 5 分钟。

在做作业时，采用了难易交叉和不同类型交叉的方法。先做英语作业，再做数学作业，接着又做英语作业。先做一项简单的，再做难的，接着再做一项相对简单的。这么交叉着做，效率更高，效果更好。

下一个任务是 11:00—12:00 的视频剪辑网课。

可以休息 15 分钟，到 11:00 开始上网课。这个时候觉得刚才的兴奋劲儿过去了，略微有点困，所以打算在这个休息时间小睡一会儿。定个 10 分钟的闹钟，趴在桌子上眯一下，到 11:00 起来直接上课，周末学一学自己喜欢的东西，收获满满，让人格外开心。

中午 12:00 下课后，正好吃午饭，12:30 吃完，接着要休息一下。

中午 12:30—1:00 玩会儿手机，下午 1:00—2:00 午睡一会儿。

午睡时间注意不要太长，如果一下子睡两三小时，会发现人都睡蒙了，下午学习时脑袋一直不清醒。午睡时间最好是 15

分钟、1 小时或 1.5 小时，不要太长。

下午 2:00 开始学习。还是用一项简单任务来开启，就是背这周学的古文。

下午 2:30—3:00 做语文练习册第 57~59 页。做语文作业时没有什么波澜，预估的时间很准确，在下午 3:00 左右完成了所有的语文作业。

接着看了一下计划表，3:10—3:30 要做一次数学第 2 单元测试复盘。考后复盘才是进步的关键。这周做了第 2 单元的测试，那就得好好复盘一下，尤其是要分析错因，找到没掌握好的知识点，然后制订改进计划。

下午 3:30，数学第 2 单元测试复盘做完了，复盘的时候发现自己对这一单元中的绝对值方程掌握得还不够熟练，所以临时决定加练几道题。本来 3:30—4:00 的安排是拿快递、自由活动，现在快速调整一下，变成加练 5 道关于绝对值方程的习题。拿快递这件事不那么重要，可以先放着，等之后有时间再做。下午 4:00，加练的习题做完了。

和朋友约了下午 4:00—6:00 打球，所以可以换衣服出门去打球了。周末运动一下，既能锻炼身体，又能放松心情，还能和朋友一起玩儿，一举多得。

下午 6:00，打完球回来之后洗个澡，接着和家人一起准备晚饭。

晚上 7:00，和家人一起吃晚饭、聊天。

晚上 7:20，晚饭吃完了，也收拾好了。和家人一起去散步，顺便把快递取回来。

赶在晚上8点之前回家了，因为晚上还有一些学习任务。

晚上8:00—8:30，做数学第3单元章节大预习。这周学完了第2单元，在学新单元之前，需要做个章节大预习，这样有助于在学习之前了解新单元的整体框架。

晚上8:40—9:00，复习整理历史第4单元的思维导图。周内没找到时间整理思维导图，所以周末是个好时机。整理的时候，搭配讲述复习法，牢记知识的同时又能梳理清楚体系。

晚上9:00，一天的学习都结束了，接下来是自由时间（灵活安排，未写入表格）。阅读是主要的休闲娱乐方式之一，不仅能帮助积累知识和素材，也能让人感到非常放松，所以计划看半小时的书。推荐把阅读作为休闲娱乐方式之一，如果不喜欢看严肃的文学作品，可以看看休闲小说，如果遇到了好的句子，可以摘抄下来，再把自己的心得体会记录下来，这对写作很有帮助。

晚上9:45，阅读结束，比原计划多看了15分钟，不过问题不大，反正后面也没别的事，也不耽误睡觉。

剩下的就是做好明天的计划，睡前再把周六复习过的单词快速看一遍，就可以洗漱睡觉了。

晚上10:30，充实的一天结束了，准备睡觉了！

今天的安排虽然有一些小变动，但及时调整好了，最后安排的任务都完成了，真有成就感。而且不只学习，运动、阅读、和朋友打球、和家人做饭、散步等事情都做了，劳逸结合，学得好，玩得也好。今天的实际安排如下表所示。

## 每日计划表

| 时间 | 安排任务 | 时间 | 安排任务 |
|---|---|---|---|
| 早上 7:00—7:20 | 起床、洗漱 | 下午 2:00—2:25 | 背本周古文 1 篇 |
| 早上 7:20—7:50 | 跑步、吃早餐 | 下午 2:30—3:00 | 做语文练习册第 57~59 页 |
| 早上 ~~8:15—8:40~~ 8:15—8:35 | 整理英语听力笔记 | 下午 3:10—3:30 | 做数学第 2 单元测试复盘 |
| 早上 ~~8:45—10:00~~ 8:40—10:20 | 做数学练习册第 40—43 页 | 下午 3:30—4:00 | ~~拿快递、自由活动~~ 加练 5 道习题 |
| 早上 ~~10:10—10:40~~ 10:20—10:45 | 做英语的 2 道阅读题和 2 道翻译题 | 下午 4:00—6:00 | 和朋友打球 |
| 早上 11:00—12:00 | 上视频剪辑网课 | 下午 6:00—晚上 8:00 | 准备晚饭、吃晚饭、散步 |
| 中午 12:00—12:30 | 吃午饭 | 晚上 8:00—8:30 | 做数学第 3 单元章节大预习 |
| 下午 12:30—2:00 | 午休 | 晚上 8:40—9:00 | 复习整理历史第 4 单元的思维导图 |

希望这一天的安排对同学们有所启发，大家能管理好自己的时间，学得开心，玩得尽兴！

# 结束语

至此，本书内容就结束了。不知道此刻的你有哪些收获，你当下的学习是否已经发生了一些改变？

我们衷心地希望书中所讲述的学习方法能够对你有切实的帮助。

学习不应止于课本，学习终将贯穿你的一生。未来，当你不再坐在教室中学习时，你仍然需要通过学习新的知识武装自己、解决问题、应对人生的大课题。

请牢记，学习是一个持续探索和进步的过程，每个人在学习的道路上都会面临各种各样的困难。也许有时候你会觉得学得很慢，难以理解某个知识点，或者遇到看似无法突破的关卡，但这些都是学习过程中的常态，每个人都会遇到，你不是个例。

你要相信自己有足够的智慧和才能去克服这些困难。

请牢记，你最终要完成的功课始终是成为更好的自己，实现自己的理想，过自己想过的生活，而学习是帮助你达成这些目标的工具。

人生之路很漫长，你的人生之路才刚刚启程。

在未来的人生之路上，你一定会遇到困难，一定会有起落，而学习将会是你一生的同行者，如果你拥有学习的能力，它一定可以帮助你应对人生中的难题、困境，它会让你在低谷时也抱有希望，它会是你应对未知世界的一身铠甲，它会是你未知人生的一个指望。

我们学习的不只是课本上的知识。在未来的人生道路上，你遇到的任何难题与困境，学习都可以帮你解决。当你不被理解、感到孤独时，你可以学习如何自处，如何安顿自己的内心；当你与父母、朋友、老师产生误解、发生矛盾时，你可以学习与人相处的方法与沟通技巧，以及换位思考；当你想成为一个游戏开发者、成为一个 DJ（唱片节目主持人）、一个 Rapper（说唱歌手）时，学习可以帮你掌握新技能、新本领，带你走进新领域……有了学习的能力，就有改变的可能，就有翻盘的希望！

无论现在你身处何方，都愿你在学习的道路上勇往直前，保持对知识的渴望，成为那个熠熠生辉、拥有学习能力的人。

祝福你！

场圈·爱会学研究中心
2023 年 8 月写于北京